Git y GitHub desde cero

Guía de estudio teórico-práctica
paso a paso más curso en vídeo

Brais Moure
@mouredev

Git y GitHub desde cero

Guía de estudio teórico-práctica paso a paso más curso en vídeo

Brais Moure

ISBN 979-83-9120-047-5

Primera edición: abril de 2023

Segunda edición: abril de 2024

A la comunidad:

Por apoyar mi trabajo día a día
y convertirlo en el mejor del mundo.

Índice

ÍNDICE

ÍNDICE

ÍNDICE

ÍNDICE

Hola, mundo

¡Hola, mundo! Mi nombre es **Brais Moure**, autor del libro. Soy ingeniero de software desde 2010, y GitHub Star desde 2023.

En 2015 creé *MoureDev*, para dedicarme al desarrollo de software de forma *freelance* y especializarme en la creación de aplicaciones móviles. He publicado más de 150 apps, superado millones de descargas y colaborado con empresas de diferentes partes del mundo.

En 2018 comienzo a compartir contenido gratuito sobre programación en diferentes redes sociales, utilizando también el nombre de **@mouredev**. Hoy en día nuestra comunidad, sumando todos esos canales, ha superado el millón y medio.

Actualmente, combino mi trabajo como programador y divulgador.

Este es mi primer libro, creado con todo mi cariño desde Galicia para el mundo. Espero que te resulte muy útil.

Recuerda que puedes encontrar todo mi contenido en moure.dev[1].

brais moure @mouredev

---

[1] https://moure.dev

README (Léeme)

Guía de estudio más curso en vídeo

Este libro está pensado para facilitar el aprendizaje de las herramientas **Git** y **GitHub** desde cero y de manera independiente, pero principalmente funcionará de una manera más efectiva si se aplica como recurso complementario al curso práctico gratuito y en vídeo (de 5 horas duración) que tengo publicado en *YouTube*. Sí, 100% gratuito. Solo tienes que entrar en mouredev.com/git-github[1].

Entonces ¿Por qué un libro?

---

[1] https://mouredev.com/git-github

Personalmente, porque creo que la mejor manera de asegurar nuestro aprendizaje es combinando esta guía de fácil comprensión y el curso en vídeo. La guía servirá para seguir el curso paso a paso, explicar cada lección, extender sus conceptos y aprender muchas cosas nuevas. También encontrarás apartados para destacar y ampliar las ideas más importantes, y podrás consultar cualquier duda rápidamente.

Una vez aclarado esto, tú decides si leer este libro puede servirte de ayuda.

> Apoyar esta publicación me sirve para seguir creando contenido gratuito sobre programación y desarrollo de software día a día. ¡Muchas gracias!

Imágenes

Las imágenes del libro se corresponden con capturas de pantalla del curso en vídeo (actualizadas en esta segunda edición), para ayudarte a obtener una referencia temporal. No son un elemento esencial para el seguimiento de la guía. Puedes consultarlas en máxima resolución, a color, y ordenadas por lección, accediendo a mouredev.com/imagenes-libro-git[2].

Comparte

¿Quieres que más gente conozca este recurso? Nómbrame como *@mouredev* en redes sociales y

---

[2]https://mouredev.com/imagenes-libro-git

cuéntale a todo el mundo qué te ha parecido.

También puedes dejar una reseña con tu opinión en la plataforma en la que hayas adquirido el libro.

Feedback o errores

Si encuentras algún error, o quieres darme *feedback*, no dudes en escribirme a *braismoure@mouredev.com*.

Agradezco enormemente tu colaboración.

Segunda edición

Un año

En el momento en el que escribo esta sección ha transcurrido un año desde la publicación del libro. Sólo puedo decir una cosa: **GRACIAS**. Ni en mis mejores sueños imaginé que la acogida iba a ser tan grande.

El libro ha vendido miles de copias, cientos de personas han colaborado en el repositorio, he recibido cientos de mensajes de agradecimiento, habéis aparecido en eventos con él para que os lo firme y, un año después, sigue ocupando las primeras posiciones en el ranking de ventas de su categoría. Lo repito: **GRACIAS**, de corazón.

Durante este año también sucedió algo que me hace muy feliz, y me gustaría compartir contigo: GitHub me reconoció como *GitHub Star*. Un premio internacional otorgado a los desarrolladores más influyentes por sus aportes a la comunidad, y tú eres parte de él. Puedes encontrar más información en stars.github.com/profiles/mouredev[1].

Contenido actualizado

Aquí tienes un resumen de los cambios introducidos en esta segunda edición:

---

[1] https://stars.github.com/profiles/mouredev

- Todas las imágenes de los capítulos de la guía se han generado de nuevo para mejorar su legibilidad. Si algo se ha señalado en repetidas ocasiones sobre la primera edición, es que las imágenes (correspondientes a las capturas de pantalla del curso) en la versión impresa no poseían la calidad suficiente. Si bien es cierto, quiero apuntar un par de cosas:

  - Lamentablemente, este es un libro autoeditado. Esto quiere decir, entre muchas cosas, que no tengo control sobre el proceso de impresión llevado a cabo por Amazon. Al no contar con una editorial, de hacerlo de otra forma, me resultaría imposible costear y coordinar los envíos. Lo siento mucho.
  - Repetir que, igual que se dice en el apartado anterior, las imágenes son referencias al curso en vídeo y, por lo tanto, no son esenciales para comprender el contenido del libro. Aún así, puedes consultar el vídeo (mouredev.com/git-github[2]) y la versión digital de las imágenes (mouredev.com/imagenes-libro-git[3]) en cualquier momento.

- El comando `git checkout HEAD` se ha modificado por `git checkout HEAD -- .` en el capítulo 14.
- Cada vez que se nombra en el capítulo 19 el comando `git merge --mine`, también se hará referencia a `--ours`. También se especifica que para la resolución de conflictos debe añadirse el nombre del archivo.

---

[2] https://mouredev.com/git-github
[3] https://mouredev.com/imagenes-libro-git

- Se ha ampliado el apartado correspondiente a **GitHub Actions** en el capítulo 45. Ahora podrás conocer también cómo funciona esta potente funcionalidad de GitHub.
- Antes del último apartado del libro, llamado *"Buenas prácticas"*, se ha añadido uno nuevo con *"Otros comandos"*.
- Por último, se han corregido pequeños errores ortográficos. Ten en cuenta que la numeración de las páginas ha cambiado.

No son grandes cambios, pero espero que ayuden a mejorar la experiencia de lectura. Muchas gracias por contribuir a lograrlo.

Secciones

El libro estará dividido principalmente en una sección dedicada a Git y otra a GitHub. Llegando a combinar ambas partes hacia el final de este. También podrás encontrar un capítulo completo dedicado a realizar un ejercicio práctico y colaborativo entre todos los participantes del curso.

Por otra parte, la guía cuenta con 45 capítulos diferentes, divididos en tres apartados (comandos, conceptos y curso) que se repetirán en cada uno de ellos.

Vamos a detallar a continuación el objetivo de cada apartado.

Comandos

Sección opcional (no aparecerá en todos los capítulos) que resumirá los comandos de Git que se utilizarán por primera vez en un capítulo del vídeo. Es una manera de asociar rápidamente las instrucciones de línea de comandos relacionadas con cada uno de los temas que vamos a tratar para aprender a trabajar con Git.

Conceptos

Sección que servirá para introducir el capítulo y tratar de forma teórica cada uno de los conceptos que aprenderemos en él. Cada concepto dispondrá de su propio apartado individual.

Curso

Sección que aplicará de forma práctica los conceptos tratados en el apartado previo. Explicando cómo hacer uso de ellos en un supuesto real.

Este apartado está directamente relacionado con el curso del vídeo, por lo que iniciará siempre con un texto como el que sigue a continuación:

> **Introducción:** mouredev.com/git-github[1]
>
> Inicio: 00:00:00 | Duración: 00:03:15

En él podrás visualizar el título de la lección, un enlace directo a dicha clase, su inicio, y la duración total del fragmento de vídeo. Prueba a acceder a esta primera *URL* del curso https://mouredev.com/git-github.

Este último apartado, en algún momento, puede resultar redundante con respecto al de conceptos. Lo considero necesario para poder explicar cada una de las ideas y favorecer su aprendizaje.

---

[1] https://mouredev.com/git-github

Introducción

Trabajar con nuestro código de forma segura es tan importante como aprender a programar, por eso, herramientas como **Git** y **GitHub** son esenciales en el mundo del desarrollo de software.

Registrar el histórico de trabajo de nuestro código, generar copias de seguridad, y trabajar en equipo de forma rápida y sin errores. Estas son las principales características de Git.

Con este libro, y a través de 45 capítulos, aprenderemos desde cero y paso a paso todo lo necesario para trabajar con Git, el sistema de control de versiones por excelencia, y GitHub, la plataforma en la nube de código colaborativo.

Cuando me planteé la temática de un nuevo curso sobre programación, me di cuenta de que Git está presente en todo el sector. Sinceramente, no existe una tecnología que se utilice tanto como Git en el mundo del desarrollo de software, sin importar el lenguaje de programación o el entorno en el que trabajemos. Sin duda, es un estándar que debemos de conocer.

¿No te lo crees? Vamos a revisar algún dato:

Comencemos con la encuesta desarrolladores de *StackOverflow* (insights.stackoverflow.com/survey[1]). Es la más importante del sector, y seguramente la mejor para representar las tendencias actuales. Pues bien, cuando se pregunta sobre el sistema de control de versiones

---

[1] https://insights.stackoverflow.com/survey

más utilizado, aquí tienes los resultados: De toda la gente que ha respondido la encuesta, más del 93% utiliza Git. Si revisamos los datos a nivel profesional, casi un 97%. Si en esta misma encuesta buscamos la sección de plataformas de control de versiones, observaremos algo muy parecido. GitHub es con diferencia la más utilizada. Un 87% a nivel personal y un 55% a nivel profesional.

¿Quieres más motivos? Aquí tienes:

Estos son los resultados de la encuesta de la propia GitHub, su llamado, *Octoverse* (octoverse.github.com[2]). En el último año ha alcanzado cifras históricas, y más del 90% de las empresas mejor valoradas del mundo utilizan esta plataforma para alojar su código.

Creo que estos son motivos que nos dejan muy clara la importancia de Git y de GitHub.

Pues bien, lo que vas a leer a continuación es el resultado de su importancia. Una guía desde cero y para principiantes, basada en mi curso en vídeo y utilizando cada lección para introducir, ejemplificar y ampliar conocimientos.

A lo largo del curso encontrarás un ejercicio para poner en práctica todo lo aprendido, pero antes de comenzar me gustaría hacer un repaso a los cuatro recursos que tienes a tu disposición para comenzar tu aprendizaje e intentar que sea más ameno y cercano.

- En primer lugar, su sitio web (github.com/mouredev/hello-git[3]). Allí podrás encontrar las 45 clases y un *link* que te llevará a cada parte concreta del curso, donde podrás ver en vídeo cada uno de los

---

[2]https://octoverse.github.com
[3]https://github.com/mouredev/hello-git

conceptos. También encontrarás en este lugar toda la información del curso y enlaces relevantes.

- Por otra parte, también tienes a tu disposición el servidor de *Discord* de la comunidad (discord.gg/mouredev[4]). En él encontrarás un canal que se llama *git-github*, donde preguntar, compartir y charlar con la comunidad sobre estas tecnologías.
- También tienes mi canal de *Twitch* (twitch.tv/mouredev[5]), donde realizo directos de lunes a viernes, y donde se llevó a cabo este curso en vídeo.

Aquí va un poco de filosofía GitHub (aunque te explicaré más adelante qué es esta plataforma): Si quieres apoyar este recurso, simplemente puedes hacer *star* en el sitio web que te he compartido. Es una manera muy rápida y valiosa de apoyar este contenido.

Starred   2.5k   ▾

Ya, por último, y para practicar, tienes la plataforma de retos de programación de la comunidad (retosdeprogramacion.com[6]). Un lugar donde, por un lado, practicar programación, y, por otro lado, gran parte de los conceptos que aprenderemos en el curso, ya que la forma que tenemos de compartir cada una de las soluciones a los retos de código será utilizando Git y GitHub.

Hecho esta introducción… ¡Bienvenido/a a **Git y GitHub desde cero**!

---

[4]https://discord.gg/mouredev
[5]https://twitch.tv/mouredev
[6]https://retosdeprogramacion.com

GIT

Sección dedicada al estudio de Git

Capítulo 1: Introducción

Conceptos

Introducción

Git es un sistema de control de versiones distribuido que se ha convertido en una herramienta esencial para la mayoría de los desarrolladores de software. A menudo, se confunde con **GitHub**, pero son dos conceptos diferentes. GitHub es una plataforma en línea que se utiliza para alojar proyectos que se gestionan mediante Git. Este libro se centrará en esta primera parte en Git, y en cómo utilizarlo para controlar las versiones de nuestro código. Contará con una segunda parte centrada en GitHub y en cómo usarlo junto a Git.

Web oficial

La página web oficial de Git es git-scm.com[1]. Aquí podemos encontrar toda la información que necesitamos para empezar a trabajar con Git. La página ofrece una guía detallada sobre cómo utilizar Git, y una lista completa de comandos que podemos usar. También tiene publicado *online* un libro gratuito llamado **Pro Git**, que está disponible en varios idiomas, incluyendo español.

---

[1] https://git-scm.com

Git y GitHub

Git es una herramienta de control de versiones distribuido, que nos permite a los desarrolladores trabajar en un proyecto sin necesidad de estar conectados a un servidor central. Por otro lado, GitHub es una plataforma en línea que se utiliza para alojar proyectos que se gestionan mediante Git. Aunque GitHub depende de Git, no son lo mismo.

Sistemas de control de versiones

Un **sistema de control de versiones** es una herramienta que se utiliza para mantener un registro de los cambios que se hacen en un proyecto. Permite a los desarrolladores trabajar en un proyecto de manera colaborativa, manteniendo un historial de cambios y documentando cada uno de ellos. De esta forma, se puede seguir el progreso del proyecto y volver a versiones anteriores si es necesario, entre muchas otras funcionalidades.

Ramas

Una **rama** es un *nuevo camino* asociado al código que se está desarrollando en un proyecto. Las *ramas* permiten a los desarrolladores trabajar en diferentes partes del proyecto al mismo tiempo, sin interferir en el trabajo de los demás. Una vez que completamos una tarea en una *rama*, podemos fusionarla con otra *rama* del proyecto y combinar sus cambios.

Conclusión

Git es una herramienta muy potente que nos permite controlar las versiones de nuestro código de manera eficiente y colaborativa. La página web oficial de Git es una gran fuente de información para aprender a utilizar Git y para resolver cualquier duda que podamos tener. Además, GitHub nos ofrece una plataforma para alojar nuestros proyectos y colaborar con otros desarrolladores. En resumen, si nos interesa el sector del desarrollo de software, es imprescindible conocer y saber utilizar Git.

Curso

Lección 1: mouredev.com/git-github-01[2]
Inicio: 00:03:15 | Duración: 00:07:06

Comencemos hablando del primer sitio importante que debemos conocer: la página web oficial de Git. Así, iremos entendiendo poco a poco de qué trata esta herramienta. Dicha web será git-scm.com,[3], y aquí podremos encontrar prácticamente todo sobre Git. Hay que dejar claro que existen dos conceptos: por un lado, Git, y por otro, GitHub. Por ahora, solo hablaremos de Git, sin confundirlo con GitHub. Más adelante, comenzaremos la sección dedicada a GitHub.

---

[2]https://mouredev.com/git-github-01
[3]https://git-scm.com,

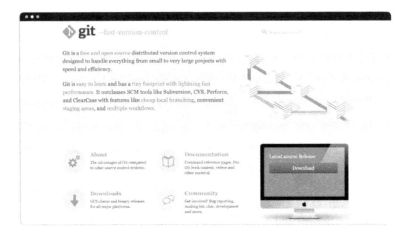

En primer lugar, entendamos que Git es independiente de GitHub, aunque GitHub sí dependa de Git.

Git es de código abierto, y todo su código, para que nos hagamos una idea, está en GitHub. Todo el código de Git es libre y se puede leer desde GitHub, que es una plataforma donde se aloja código fuente.

Git es un sistema de control de versiones distribuido muy importante. Existen diferentes sistemas de control de versiones, pero no todos son distribuidos. *¿Qué significa esto?* Que no depende de un único sitio. Si ese sitio se borra o falla, el código podría perderse, pero con Git, al ser distribuido, podemos tener una copia del código en cada equipo de las personas que trabajan en un proyecto. Si el servidor central falla, podríamos recuperar dicho trabajo al tener almacenado de manera *local* parte del código y el historial de cambios.

Bien, entendido el concepto de distribuido, ¿qué es un sistema de control de versiones? Si trabajas en programación, o incluso si estás empezando, quizás has visto bromas asociadas a proyectos con nombres como *proyecto-final-version-2* o *proyecto-final-version-2-final-*

superfinal. Eso sucede cuando no trabajamos con un sistema de control de versiones, lo que nos puede llevar a perder información, cometer errores o borrar nuestros avances.

Un sistema de control de versiones nos permite llevar un registro de todo el historial de un proyecto, documentando y trazando cada uno de esos cambios. Podemos navegar por ese historial como si fueran los mensajes de WhatsApp, yendo hacia atrás o hacia adelante, borrando o saltando entre conversaciones. Iremos entendiendo todo esto poco a poco, no te preocupes.

También acabaremos comprendiendo los conceptos principales asociados a las *ramas*, y cómo nos moveremos entre ellas según nuestro proyecto evoluciona. Así que, resumiendo, tengamos siempre presente la web oficial, es un gran recurso.

> Te contaré un secreto. La web de Git es uno de los mejores lugares para aprender Git. Contiene mucha documentación y un libro gratuito llamado *Pro Git*, en español. Traducido por la comunidad y validado por la gente de Git. Se puede comprar, pero también está disponible gratis. Eso sí, se trata de un texto mucho más académico que el libro que te encuentras leyendo.

Cuando lleguemos a la parte de GitHub, también descubrirás dónde encontrar toda la documentación de GitHub.

Capítulo 2: Historia

Conceptos

Introducción

El control de versiones es fundamental en el mundo del desarrollo de software. Cuando varios desarrolladores participan en un mismo proyecto, es necesario coordinar sus esfuerzos y asegurarnos de que nos encontramos trabajando sobre una versión coherente del código. Además, es importante poseer un historial de cambios para poder volver atrás, en caso de cometer errores, o para recuperar una versión anterior que funcione correctamente.

Git es uno de los sistemas de control de versiones más populares y utilizados en la actualidad. En este libro, profundizaremos en su funcionamiento, configuración y uso, para sacarle el máximo partido a esta herramienta. Pero antes, un poco de historia.

El origen

Git fue creado por **Linus Torvalds**, el creador del *kernel* de *Linux*. En sus inicios, *Linus* utilizaba otro sistema de control de versiones llamado *BitKeeper*, para administrar el desarrollo de *Linux*. Sin embargo, en 2005, se produjo una disputa con la empresa propietaria de *BitKeeper*, que llevó a que la comunidad de desarrollo de *Linux* perdiera el acceso a esta herramienta.

Ante esta situación, *Linus* decidió crear su propio sistema de control de versiones que pudiera cumplir con las necesidades del desarrollo de *Linux*. Así nació Git, que en un principio fue utilizado exclusivamente por la comunidad de desarrollo de *Linux*, pero que rápidamente se extendió a otros proyectos y empresas.

Las ventajas

Una de las principales ventajas de Git es que es un sistema distribuido. Esto significa que, cada desarrollador tiene una copia completa del *repositorio* en su máquina, lo que permite trabajar sin conexión a internet y facilita la colaboración en equipos remotos.

Otra ventaja de Git es que es muy eficiente en la gestión de modificaciones y *ramas*. Git permite crear *ramas* de forma muy sencilla, lo que facilita la incorporación de nuevas funcionalidades y la corrección de errores. Además, Git tiene herramientas para comparar versiones y *fusionar* esas *ramas*, lo que hace que el proceso de integración de cambios sea mucho más fácil y seguro.

Git también es muy flexible en cuanto a la forma de trabajar. Nos permite desarrollar empleando distintos flujos para gestionar nuestro código, desde los más sencillos hasta los más complejos. Esto hace que sea muy versátil y se adapte a las necesidades de cada proyecto.

Por último, Git es una herramienta *open source*, lo que significa que es gratuita y cuenta con el respaldo de una gran comunidad de desarrolladores y usuarios que constantemente están mejorando y actualizando la herramienta.

Conclusión

Hemos dado contexto a Git, su origen y sus ventajas. Es importante entender que Git es una herramienta que evoluciona constantemente y que sigue siendo fundamental en el mundo del desarrollo de software.

En los próximos capítulos profundizaremos en el funcionamiento de Git, desde la instalación y configuración, hasta el uso de las distintas funcionalidades para gestionar el control de versiones de nuestros proyectos.

Curso

Lección 2: mouredev.com/git-github-02[1]
Inicio: 00:10:21 | Duración: 00:04:14

Antes de introducirnos en la descarga y configuración Git, es importante dar contexto sobre este sistema de control de versiones. Git es una herramienta que se usa principalmente en el sector del desarrollo de software, estando presente en él desde hace bastante tiempo. Apareció el 7 de abril de 2005, y cuenta con el respaldo de toda la comunidad open source.

Git sigue evolucionando constantemente, y no es una tecnología en absoluto estancada. De hecho, es muy posible que se haya lanzado una nueva versión

---

[1] https://mouredev.com/git-github-02

recientemente (y seguramente no importa en qué momento estés leyendo este libro). Es parte fundamental en el día a día del mundo del desarrollo de software.

Ahora bien, es interesante que conozcamos quién es el creador de Git. Se trata de *Linus Torvalds*, una figura clave en el mundo del software, que, si me permites, tenemos la obligación de conocer. *Linus* también es el creador del *kernel* de *Linux*, y mientras trabajaba en él, se dio cuenta de que los sistemas de control de versiones existentes no cumplían sus expectativas y necesidades.

Por ello, y por algún otro motivo que comenté al principio del capítulo, decidió crear su propio sistema de control de versiones, y así nació Git. Hoy en día, prácticamente todo el mundo en el sector utiliza esta herramienta.

Git es un sistema de control de versiones con años de trayectoria, que sigue evolucionando y cuenta con el respaldo de la comunidad de desarrollo. *Linus Torvalds*, su creador, es una figura icónica en el mundo del software, y es importante conocer su contribución a través de Git y el *kernel* de *Linux*.

Capítulo 3: Instalación `$git`

Comandos

```
1  git
2  git --version
3  git -v
4  git -h
```

Conceptos

Introducción

Antes de empezar a utilizar Git, necesitamos configurarlo correctamente en nuestro sistema. A continuación, vamos a detallar cómo instalar Git en diferentes sistemas operativos.

Instalación en Windows

Si usamos **Windows**, la forma más fácil de instalar Git es a través de la página de descargas de Git para *Windows*:

git-scm.com/download/win[1]

---

[1] https://git-scm.com/download/win

Descargaremos el archivo de instalación y seguiremos las instrucciones. Durante la instalación, se instalará automáticamente una terminal compatible con Git, llamada **Git Bash**.

Instalación en macOS

Si usamos **macOS**, podemos instalar Git a través de *Homebrew*, un gestor de paquetes popular para equipos *Apple*:

git-scm.com/download/mac[2]

Para instalar Git desde *Homebrew*, abrimos la terminal y escribimos lo siguiente:

```
1   brew install git
```

Instalación en Linux/Unix

La mayoría de las distribuciones de **Linux** ya incluyen Git en sus repositorios:

git-scm.com/download/linux[3]

Por ejemplo, para instalar Git en *Ubuntu* o *Debian*, abrimos la terminal y escribimos:

```
1   sudo apt-get install git
```

En caso de *Fedora*, abrimos la terminal y escribimos:

---

[2]https://git-scm.com/download/mac
[3]https://git-scm.com/download/linux

```
1   sudo dnf install git
```

Verificación de la instalación

Una vez que hayamos instalado Git, podemos verificar si funciona correctamente escribiendo el comando `git` en la terminal. Si visualizamos una lista de posibles comandos, significa que está instalado correctamente. También podemos comprobar la versión instalada de Git con `git --version` o `git -v`.

Si no sabemos cómo utilizar Git, o cualquier herramienta desde la terminal, probaremos a escribir el comando seguido de `-h`, para obtener ayuda. Por ejemplo, `git -h` nos mostrará una lista de comandos y opciones disponibles.

Uso básico

Una vez instalado Git correctamente, es hora de empezar a utilizarlo. Podremos hacerlo desde la terminal o distintas herramientas gráficas (*GUIs*) como *GitHub Desktop*, *GitKraken*, *Sourcetree* o *Fork*.

Además de las herramientas mencionadas anteriormente, también podemos integrar Git en nuestro flujo de trabajo diario utilizando editores de código o *IDEs*, como *Visual Studio Code* o *IntelliJ IDEA*, entre otros.

Estos editores e *IDEs* ofrecen extensiones y complementos para integrar Git directamente en el entorno de desarrollo. Con estas extensiones podemos llevar a cabo flujos de trabajo completos en Git.

Una vez conozcamos el uso de Git, dependerá de nosotros seleccionar las herramientas que mejor se adapten a nuestra manera de trabajar.

Conclusión

Git resulta muy simple de instalar. Siendo su uso igual entre sistemas operativos, independientemente de en el que nos encontremos.

Comenzaremos a usar Git desde la terminal, para así entender los fundamentos del sistema de control de versiones y generar unas bases más sólidas de conocimiento.

Curso

Lección 3: mouredev.com/git-github-03[4]
Inicio: 00:14:35 | Duración: 00:09:25

Vamos a abordar la configuración de Git y su instalación en distintos sistemas operativos. Como ya hemos comentado anteriormente, Git fue creado por *Linus Torvalds* y es ampliamente utilizado por empresas como *Google*, *Microsoft* o *Netflix*, entre otra infinidad de compañías.

Si usamos *Linux* o *macOS*, es probable que ya tengamos Git instalado por defecto. Sin embargo, puede que la versión no esté actualizada. No debemos preocuparnos, ya que, para llevar a cabo este curso, es muy posible que la versión que tengamos instalada ya sea suficiente.

---

[4]https://mouredev.com/git-github-03

Vamos a cubrir temas fundamentales que funcionan en casi cualquier versión de Git.

En la documentación oficial de Git (git-scm.com/downloads[5]), encontraremos instrucciones detalladas sobre cómo instalarlo en nuestro sistema operativo. Simplemente tenemos que dirigirnos a la sección de descargas y seleccionar nuestro sistema operativo.

> En mi caso, y durante este curso, estaré usando *macOS*, pero también existen opciones para *Windows* y otros sistemas *Unix* como *Linux*.

Una vez tengamos Git instalado, podremos trabajar con él desde la terminal del sistema, o mediante herramientas gráficas. Aunque es posible utilizar herramientas gráficas, inicialmente aprenderemos Git desde la terminal, ya que nos ayudará a comprender cómo funciona realmente.

Existen diferentes clientes gráficos disponibles para *Windows*, *macOS*, *Linux*, *Android* e *iOS*. Durante el curso, también descubriremos cómo utilizar Git desde editores de código o *IDEs*, *GitHub Desktop*, *GitKraken*, *Sourcetree* o *Fork*, entre otros, pero siente la libertad de explorar y elegir la herramienta que más te guste.

Hablemos de la instalación paso a paso. Si nunca hemos usado una terminal, también aprenderemos a utilizarla. Dependiendo del sistema operativo que estemos utilizando, necesitaremos una terminal compatible con Git, como *Git Bash* en *Windows*. Al instalar Git en *Windows*, también se instalará dicha terminal *Bash* automáticamente.

---

[5]https://git-scm.com/downloads

En *macOS*, podemos instalar Git usando *Homebrew*, un gestor de paquetes. Simplemente escribimos `brew install git` en la terminal y seguimos las instrucciones. Si ya lo tenemos instalado, la terminal nos lo indicará.

Una vez instalado Git, podemos verificar si funciona correctamente escribiendo el comando `git` en la consola. Si visualizamos una lista de comandos, significará que está instalado correctamente. También podemos comprobar la versión de Git utilizando los comandos `git --version` o `git -v`.

Si no sabemos cómo utilizar Git, o cualquier herramienta desde la terminal, podemos probar a escribir el comando seguido de `-h` para obtener ayuda. Por ejemplo, `git -h` nos mostrará una lista de comandos y opciones disponibles.

```
●●●

  bisect     Use binary search to find the commit that introduced a bug
  diff       Show changes between commits, commit and working tree, etc
  grep       Print lines matching a pattern
  log        Show commit logs
  show       Show various types of objects
  status     Show the working tree status

grow, mark and tweak your common history
  branch     List, create, or delete branches
  commit     Record changes to the repository
  merge      Join two or more development histories together
  rebase     Reapply commits on top of another base tip
  reset      Reset current HEAD to the specified state
  switch     Switch branches
  tag        Create, list, delete or verify a tag object signed with GPG

collaborate (see also: git help workflows)
  fetch      Download objects and refs from another repository
  pull       Fetch from and integrate with another repository or a local branch
  push       Update remote refs along with associated objects

'git help -a' and 'git help -g' list available subcommands and some
concept guides. See 'git help <command>' or 'git help <concept>'
to read about a specific subcommand or concept.
See 'git help git' for an overview of the system.
                                        git --version
git version 2.44.0
                                        git -v
git version 2.44.0
                                        git
```

Recordemos que Git funciona de la misma manera en *Windows*, *Linux* y *macOS*. Todos los comandos son iguales y se comportan de la misma forma en los distintos sistemas operativos.

Capítulo 4: Comandos básicos de la terminal

Comandos

```
1  ls
2  cd <directorio>
3  cd ..
4  pwd
5  mkdir <nombre>
6  touch <nombre>
7  rm <nombre>
8  cp <nombre> <directorio>
9  mv <nombre> <directorio>
```

Conceptos

Introducción

La **terminal**, **consola** o **línea de comandos**, es una herramienta muy potente que nos permite interactuar con nuestro sistema operativo de manera directa a través de instrucciones en formato texto. Aunque pueda parecer intimidante al principio, es importante comprender algunos conceptos básicos para poder utilizarla eficientemente.

En la terminal, como hemos comentado, todo se maneja mediante comandos de texto. Los comandos se escriben en una línea de texto y se ejecutan al presionar la tecla *Enter*. La terminal responde, de la misma manera, también con texto, ya sea una respuesta directa al comando o algún mensaje informativo o de error.

Comandos más importantes

Este es un listado con los comandos que más utilizamos habitualmente en *Bash*:

- `ls`: Muestra una lista con los archivos y carpetas del directorio actual.
- `cd`: Nos permite movernos por los diferentes directorios del sistema de archivos. Por ejemplo, `cd Desktop` nos lleva al directorio del Escritorio, y `cd ..` sube un nivel (retrocede) en el sistema de directorios.
- `pwd`: Muestra la ruta completa del directorio actual en el sistema de archivos.
- `mkdir`: Crea una nueva carpeta en el directorio actual. Por ejemplo, `mkdir "Hello Git"` crea una carpeta llamada *Hello Git*.
- `touch`: Crea un nuevo archivo vacío en el directorio actual. Por ejemplo, `touch hello_git.txt` crea un archivo llamado *hello_git.txt*.
- `rm`: Elimina un archivo o carpeta del directorio actual. Por ejemplo, `rm hello_git.txt` elimina el archivo *hello_git.txt*.
- `cp`: Copia un archivo de un lugar a otro. Por ejemplo, `cp hello_git.txt /Desktop/Hello \Git` copia el archivo *hello_git.txt* al directorio *Desktop/Hello Git*.

- **mv**: Mueve un archivo de un lugar a otro. Por ejemplo, `mv hello_git.txt /Desktop/Hello \Git` mueve el archivo *hello_git.txt* al directorio *Desktop/Hello Git*.

Estos son solo algunos ejemplos de los comandos que podemos utilizar en la terminal. Es importante señalar que, entre sistemas operativos y entornos de ejecución, se pueden utilizar comandos diferentes, por lo que es posible que debamos consultar su documentación para conocer los comandos específicos, y así poder llevar a cabo ciertas tareas.

Conclusión

En este capítulo hemos aprendido los conceptos básicos de la terminal y los comandos principales que podemos utilizar para interactuar con nuestro sistema de archivos.

Con una buena comprensión de los conceptos básicos y una práctica constante, podemos sacarle el máximo provecho a la terminal y mejorar significativamente nuestro flujo de trabajo como desarrolladores de software.

Curso

Lección 4: mouredev.com/git-github-04[1]

Inicio: 00:24:00 | Duración: 00:06:13

---

[1] https://mouredev.com/git-github-04

Es hora de comprender algunos conceptos básicos de la terminal, ya que quizás no sepamos cómo interactuar con ella. Para esto, dedicaremos esta clase a aprender al menos los comandos principales de la consola. Si esta ha sido la primera vez que hemos abierto una terminal, es el momento de aprender cómo usarla.

Git es un sistema de control de versiones que funciona especialmente bien con código. Está diseñado para manejar un gran volumen de archivos utilizados durante el proceso de desarrollo de software. Funciona mucho mejor con código que, por ejemplo, si lo que queremos hacer es una copia de seguridad de nuestro propio ordenador, o de grandes ficheros multimedia.

Vamos a hablar de los comandos principales que podemos manejar en una terminal. Por ejemplo, si escribimos `ls`, lo primero que veremos es un listado de todos los directorios que tenemos en ese punto concreto de nuestro sistema. Podemos movernos por los sistemas de archivos con el comando `cd`. Por ejemplo, si queremos ir al escritorio, escribiremos `cd Desktop`, pudiendo presionar la tecla de tabulación para autocompletar posibles destinos.

Si queremos conocer cuál es la ruta en la que nos encontramos, podemos escribir `pwd`.

Para comenzar a trabajar con Git, primero necesitamos crear una carpeta. El comando para crear una carpeta es `mkdir`. Imagínate que queremos crear un directorio llamado *Hello Git*, pues para ello lanzaremos el comando `mkdir "Hello Git"`. Para desplazarnos dentro de la carpeta, podemos usar el comando `cd Hello\ Git/`.

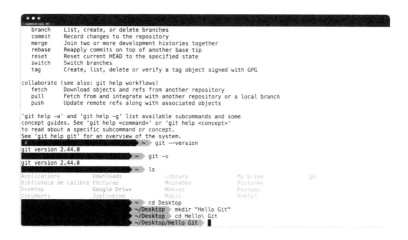

Aunque estemos usando la terminal, es también habitual trabajar dentro de un editor de código o del sistema de ficheros del sistema. Por ejemplo, podríamos abrir **Visual Studio Code**, el *IDE* que yo usaré durante el curso, con el comando `code` . (puede que tengas que configurar este acceso directo al editor). A partir de aquí, podemos empezar a crear archivos o directorios y trabajar en el proyecto de software que deseemos.

Recordemos que esto es solo una introducción a Git y la terminal. Hay muchos más comandos y conceptos que aprender para sacarle el máximo provecho a estas herramientas.

Capítulo 5: Configuración $git config

Comandos

```
1  git config
2  git config --global user.name <nombre>
3  git config --global user.email <email>
```

Conceptos

Introducción

Para comenzar a trabajar con Git necesitaremos realizar una pequeña configuración inicial. Una manera de identificar nuestras interacciones dentro del sistema.

Identificación

Una de las características clave de Git es que todas las acciones que se realizan en el sistema deben estar asociadas a un **autor**. Esto es importante, ya que nos permite a los desarrolladores rastrear quién hizo qué cambio en el código. Si un error o un problema surge en el proyecto, podremos revisar el historial de cambios y encontrar quién hizo el cambio y qué causó el problema.

45

Al trabajar con Git, cada usuario debe poseer su propio identificador, que se corresponderá con su **nombre** y dirección de **correo electrónico**. Estos identificadores se utilizan para etiquetar cada cambio realizado en el proyecto, lo que permite una fácil identificación de cada acción registrada en el sistema.

Configuración inicial

Antes de comenzar a trabajar con Git, es necesario realizar una configuración inicial que incluye la asignación de un nombre de usuario y una dirección de correo electrónico.

La configuración inicial de Git se realiza a través del comando `git config`. Si lo ejecutamos junto con el argumento (o *flag*) `--global`, estableceremos la configuración de Git a nivel global, lo que significará que dicha configuración se aplicará a todas las interacciones con Git desde nuestra sesión de usuario en el equipo.

La configuración de Git se realiza mediante dos propiedades: *user.name* y *user.email*. Es importante que ambos valores se configuren correctamente para que el sistema de control de versiones funcione según lo esperado.

Curso

Lección 5: mouredev.com/git-github-05[1]
Inicio: 00:30:13 | Duración: 00:06:34

---

[1] https://mouredev.com/git-github-05

Vamos a empezar trabajar en el proyecto de ejemplo (que hemos creado como *Hello Git* en la lección anterior), para ir entendiendo poco a poco qué es Git. A medida que avancemos en él, iremos explicando en paralelo los distintos conceptos de Git.

Siempre que trabajamos con Git, todo lo que hagamos tiene que estar asociado a alguien. ¿Por qué? Porque podríamos tener un proyecto en el que trabajamos solo nosotros, o un proyecto en el que trabajan más personas desarrollando código. Git nos ayudará a que tú puedas trabajar en tu ordenador con un código, yo en mi ordenador con otro código, y, llegado el caso, podamos unir ambos desarrollos sin problemas. Si durante ese proceso de combinación encontramos un error, podremos ver qué cambios ha hecho una persona u otra, qué modificaciones en el código han provocado un conflicto, volver a versiones anteriores, etc.

Como decíamos, Git nos obliga a tener asociado siempre un autor, un identificador a quien atribuirle todas las acciones que hagamos desde Git. Lo primero que vamos a hacer es configurar Git desde cero. Para ello, necesitamos tener un nombre de usuario y un email (los que tú quieras). Esto es esencial, un requisito obligatorio. El propio sistema nos obligará a definirlos en el momento que queramos hacer algo en Git por primera vez.

Para limpiar la consola, simplemente podemos escribir `clear`. La configuración de Git es muy amplia, si queremos profundizar, lo mejor es consultar la documentación oficial, donde encontraremos todo lo que se puede hacer con él:

git-scm.com/doc[2]

---

[2] https://git-scm.com/doc

Git es un sistema enorme, pero entender las bases no es algo que lleve muchísimo tiempo. Aunque existan un gran número de combinaciones de comandos, con más o menos una decena podemos llevar a cabo las acciones más comunes con las que trabajaremos día a día desde Git.

Para establecer la configuración de Git, tendremos que escribir el comando git config. A continuación, lo que tendremos que hacer es decidir a qué nivel vamos a establecer esta configuración. Lo habitual, y sobre todo cuando estamos empezando, es establecerla a nivel global. Para ello, escribimos el parámetro --global. Esto significará que la configuración se aplicará a nivel global a la hora de trabajar con Git dentro de nuestro equipo (nuestro ordenador, no me refiero a un equipo de personas) y sesión de usuario. La configuración no suele ser algo concreto para un proyecto, al contrario, se suele usar de forma general para cualquier interacción que realicemos con Git, independientemente del proyecto. Si establecemos que la configuración es global, va a afectar a todo lo que se haga desde Git en la sesión de usuario de nuestra máquina.

Para configurar nuestro usuario escribimos `git config --global user.name`, y entre comillas ponemos el nombre de nuestro usuario. Una vez hecho esto, pulsamos *Enter*. Ahora, de la misma manera que hemos establecido el *name*, configuraremos la segunda y última propiedad obligatoria, el *email*. Establecemos la propiedad `git config --global user.email`. Lo ejecutamos, y este fichero de configuración se actualizará con nombre y email.

Esto es lo único que necesitamos para configurar inicialmente Git. Sin estas dos variables, sin el nombre y el email, no podremos ni comenzar a trabajar con el sistema de control de versiones.

Capítulo 6: Inicialización de un repositorio $git init

Comandos

```
1   git init
```

Conceptos

Introducción

Configurado Git, es hora de preparar nuestro proyecto para empezar a trabajar con el sistema de control de versiones.

Inicialización

Antes de profundizar en las herramientas y características de Git, es importante entender los conceptos básicos del sistema de control de versiones. Git funciona mediante la creación de **fotografías** o **instantáneas** (llamadas *commits*) del estado de nuestro proyecto en diferentes momentos a lo largo del tiempo.

51

Cada `commit` representa un conjunto de cambios realizados en él.

Para trabajar con Git, primero debemos inicializar un **repositorio** en nuestro proyecto. Crearemos un nuevo *repositorio* lanzando el comando `git init` desde la consola, desde la carpeta raíz del proyecto. Al ejecutar este comando, Git creará una carpeta oculta llamada **.git**, que contendrá todas las referencias asociadas al sistema de control de versiones.

Una vez inicializado el *repositorio*, podemos comenzar a lanzar distintos comandos en ese directorio para ejecutar acciones propias del contexto de Git. Es un paso obligatorio para que el sistema reconozca ese directorio como un lugar en el que Git está operativo.

Repositorio

El término *repositorio* de Git hace referencia al lugar donde se almacena el historial de cambios realizados en un proyecto, así como las diferentes versiones del mismo. Se podría decir que es una base de datos que guarda la evolución de todo el proyecto a lo largo del tiempo, incluyendo el código fuente, la documentación y cualquier otro archivo que se encuentre en ese directorio.

En un *repositorio* de Git, se registran las diferentes versiones de los archivos, y se realiza un seguimiento de los cambios que se han llevado a cabo. Cada versión de un archivo se almacena asociado a un `commit`, que contiene una *instantánea* de los cambios realizados en ese momento. De esta manera podemos consultar cómo ha evolucionado el proyecto a lo largo del tiempo.

Los *repositorios* de Git pueden ser **locales** (almacenados en el equipo *local* del desarrollador) o **remotos** (almacenados en un servidor en la nube). Los *repositorios remotos* nos resultan útiles para colaborar con otros desarrolladores en un mismo proyecto, ya que permiten compartir los cambios realizados y fusionarlos en una única versión de este. También nos sirven para trabajar de forma segura y tener en todo momento un respaldo de nuestro proyecto en la nube.

Es posible que alguno de estos términos te resulte desconocido. No te preocupes, ya hablaremos al detalle de cada uno de ellos.

Curso

Lección 6: mouredev.com/git-github-06[1]
Inicio: 00:36:47 | Duración: 00:05:36

Comencemos a aprender los conceptos principales con los que tenemos que trabajar en Git.

Nos vamos a nuestro editor de código y creamos un archivo. En este caso, vamos a crear uno en Python llamado *hellogit.py*. No importa el tipo de archivo o su nombre mientras podamos escribir algo en él. Supongamos que se corresponde con el código de nuestro proyecto.

Dentro del archivo, escribimos algo simple, como un `print`, o lo que se nos ocurra. No importa lo que escribamos aquí, lo importante es entender el manejo de control de versiones. Supongamos que en algún momento editamos este archivo y agregamos otra línea

---

[1] https://mouredev.com/git-github-06

de texto, otro `print`. A continuación, nos preguntamos: *¿qué tenía yo el otro día en este archivo? ¿cómo vuelvo atrás?*. Aquí es donde entra la importancia del control de versiones.

Sin un control de versiones, cada vez que trabajamos en un proyecto perdemos toda referencia a lo que había antes. De aquí que comencemos a guardar copias de un mismo proyecto para intentar respaldarlo. Ya nunca más será así.

Para trabajar con Git, nos vamos a la consola, y nos situamos en la carpeta raíz donde está nuestro archivo *hellogit.py*.

Para indicar que queremos trabajar con Git en este directorio, simplemente ejecutamos `git  init` en la consola. Al hacer esto, se creará una carpeta oculta llamada *.git*. No necesitamos entender todo lo que hay dentro de esta carpeta, pero es donde Git guarda las referencias asociadas al sistema de control de versiones.

Ya está, desde este momento nuestro directorio (y todo lo que se encuentre en su interior) trabaja con un control de versiones, lo que significa que podemos empezar a emplear todas las características que Git nos proporciona. A medida que avancemos, iremos aprendiendo mucho más sobre ellas.

Cuando ejecutamos `git init`, la consola nos mostró un mensaje diciendo que se había creado una **rama** llamada **master** (de momento no le prestaremos atención a estos términos). Dependiendo de la terminal que estemos utilizando, incluso podría indicarnos el nombre de la *rama* en la que nos encontramos. Esto no es algo proporcionado por Git, sino que depende de cómo está configurada la terminal a la hora de mostrarnos rutas e información asociada a ellas. Si queremos personalizar nuestro terminal, podemos utilizar, entre otras muchas opciones, ***oh-my-zsh***. Con esta utilidad podremos configurar nuestra consola y hacerla más agradable a la hora de trabajar con Git:

ohmyz.sh[2]

---

[2]https://ohmyz.sh

Capítulo 7: Ramas

Comandos

```
1  git config --global init.defaultBranch main
2  git branch -m main
```

Conceptos

Introducción

Las **ramas** (llamadas `branch`) en Git son una de las características más poderosas de esta herramienta de control de versiones. Cuando hablamos de *ramas* nos referimos simplemente a diferentes líneas de desarrollo separadas, en las cuales podemos trabajar de manera independiente, y sin afectar el trabajo que se está realizando en otras *ramas*. Esto nos permite probar distintas ideas, experimentar con diferentes enfoques y hacer cambios importantes sin afectar al código principal del proyecto.

En la mayoría de los proyectos, es común poseer varias *ramas* de trabajo al mismo tiempo. Por ejemplo, podemos usar *ramas* para el desarrollo de distintas funcionalidades, para corrección de errores, para probar nuestros conceptos, etc. Cada una de estas *ramas* puede tener su propio conjunto de cambios y compromisos, lo que permite una mayor flexibilidad y control en el desarrollo del proyecto.

Git mantiene un seguimiento de todas las *ramas* en un repositorio, y nos permite cambiar de una *rama* a otra con facilidad.

Ventajas

Una de las ventajas de trabajar con *ramas* en Git es que podemos *fusionar* fácilmente los cambios de una *rama* en otra. Por ejemplo, si hemos desarrollado una característica en una *rama*, asociada a una nueva funcionalidad, podemos *fusionar* los cambios de esa *rama* en la *rama* principal, para integrarlos así dentro del proyecto base. Git proporciona herramientas para realizar esta fusión de manera sencilla, rápida y segura.

Es importante tener en cuenta que trabajar con *ramas* en Git puede ser un poco complicado al principio, especialmente si no estamos familiarizados con la terminología, o si no sabemos cómo manejar las *ramas* correctamente. Sin embargo, una vez que entendamos cómo funcionan las *ramas*, y cómo podemos utilizarlas para nuestro beneficio, seremos capaces de trabajar de manera mucho más eficiente y efectiva en nuestro proyecto.

Conclusión

Las *ramas* en Git nos permiten trabajar de manera independiente en diferentes líneas de evolución de un proyecto, lo que nos brinda una mayor flexibilidad y control en el desarrollo del mismo. Es importante entender cómo funcionan las *ramas*, y cómo podemos utilizarlas en nuestro beneficio. Con práctica y experiencia podemos convertirnos en expertos en el manejo de las *ramas* en Git, aprovechando así al máximo la característica principal de esta herramienta de control de versiones.

Curso

Lección 7: mouredev.com/git-github-07[1]
Inicio: 00:42:23 | Duración: 00:02:58

En esta lección vamos a hablar de las **ramas** en Git. Ya hemos creado un *repositorio* en la raíz de nuestro proyecto, y nos encontramos en la *rama* llamada **master**. Muy pronto entenderemos qué significa esto.

¿Qué es una *rama*? Podemos imaginarnos una *rama* de un árbol que se divide en otras *ramas*, y estas en otras. El código que creamos puede seguir diferentes flujos, teniendo cada *rama* un nombre y propósito. Por ejemplo, en nuestro caso, la *rama* en la que nos encontramos situados se llama *master*. Esta *rama* contiene nuestro código y proyecto actual, el directorio que hemos nombrado como *Hello Git*.

Como decíamos, nos encontramos en la *rama master*, que es como Git ha decidido llamar a esta primera *rama* del sistema de control de versiones. Sin embargo, hay otros nombres que se han introducido recientemente para referirse a la *rama* principal, como **main** o **trunk**, y ya no como *master*. El propio GitHub ya utiliza *main*

---

[1] https://mouredev.com/git-github-07

en lugar de *master*, aunque ya hablaremos de ello más adelante.

Si queremos cambiar el nombre de nuestra *rama* principal a *main*, podemos ejecutar el siguiente comando: `git config --global init.defaultBranch main` (un nuevo comando de configuración global de Git). Así, al crear nuevos repositorios, la *rama* principal se llamará *main* por defecto. Para cambiar el nombre de la *rama* actual de nuestro proyecto podemos usar `git branch -m main`. De esta manera, nuestra *rama master* pasará a llamarse *main*.

Recuerda que en la actualidad es común usar *main* en lugar de *master* para referirse a la *rama* principal de un proyecto.

Capítulo 8: Guardado
`$git add` y `$git commit`

Comandos

```
1  git status
2  git add <archivo>
3  git add .
4  git commit -m "<mensaje>"
```

Conceptos

Introducción

Hemos dado nuestros primeros pasos en Git. Ahora que ya conocemos algunos comandos básicos, es importante que sigamos profundizando en más conceptos clave.

Como mencionamos en los capítulos anteriores, Git trabaja con *repositorios* y *ramas*. El *repositorio* es un espacio de almacenamiento que guarda el historial de cambios de nuestro proyecto. En el *repositorio* se encuentra toda la información de nuestro proyecto, incluyendo los distintos *puntos de guardado* que se hayan realizado. Una *rama*, por otro lado, es una línea de desarrollo independiente que parte de un *punto de guardado* o `commit`. Las *ramas* nos permiten trabajar en diferentes funcionalidades de nuestro proyecto de manera independiente y segura, sin afectar a la *rama* principal o a otras *ramas* secundarias.

Commit

En cuanto al concepto de `commit`, debemos conocer que se refiere a la toma de una *fotografía* del estado actual de nuestro proyecto en un momento determinado. Cada vez que realizamos un `commit`, estamos guardando los cambios que hayamos realizado (y que nosotros seleccionemos) en nuestro proyecto en ese momento específico. Los *commits* se almacenan en el historial de cambios del *repositorio* y se identifican por un **hash**, un identificador único.

El comando `git add` nos permite añadir archivos al área de **Stage**, que es una zona intermedia donde se preparan los cambios que queremos incluir en nuestro próximo `commit`. Es importante tener en cuenta que Git solo guarda los cambios que hayan sido incluidos en el área de *Stage* mediante `git add`. Por eso, es necesario ejecutar este comando cada vez que queramos añadir cambios a un `commit`. Todo esto lo veremos en detenimiento en la sección destinada al curso.

Una vez que tenemos los cambios preparados en el área de *Stage*, ejecutaremos el comando `git commit` para crear la *fotografía* y guardar los cambios en el *repositorio*. Debemos añadir un mensaje al commit mediante la opción `-m`. Este mensaje debe describir de manera clara y concisa los cambios que hayamos realizado en los ficheros que afectan a ese `commit`.

Curso

Lección 8: mouredev.com/git-github-08[1]
Inicio: 00:45:21 | Duración: 00:08:06

Seguimos aprendiendo distintos comandos y cómo funciona el flujo principal de Git. En Git, es importante saber que trabajamos con un *repositorio* y una *rama*, donde el concepto clave es tomar *fotografías*, *instantáneas* o *puntos de guardado* de nuestro proyecto. Esto quiere decir, capturar y guardar el estado actual de nuestro proyecto para poder reflejarlo así en su historial.

Ya hemos finalizado los preparativos previos, por lo que podemos empezar a realizar guardados en Git. Para comprobar el estado de la *rama* actual, y de Git en nuestro proyecto, usamos el comando `git status`. Al ejecutarlo, nos muestra diferente información, y nos indica, por ejemplo, que en la *rama main* aún no hay *commits*. Más adelante, explicaremos cómo hacer un `commit`. Por ahora, vemos que tenemos el archivo *hellogit.py*, que hemos creado anteriormente, y donde hemos añadido un `print` (básicamente para que el fichero modifique su estado al cambiar el contenido de su interior).

---

[1] https://mouredev.com/git-github-08

En mi caso, también hay un archivo llamado *.DS_Store*, que es un archivo temporal y oculto creado por *macOS*. No nos interesa este archivo, así que lo dejamos al margen. Nos enfocaremos únicamente en el archivo de código de nuestro proyecto, llamado *hellogit.py*.

Mediante git status, Git nos señala que, aunque conoce estos archivos (*hellogit.py* y *.DS_Store*), no los tiene guardados de ninguna manera. Para guardarlos, debemos primero añadirlos utilizando git add. En nuestro caso, queremos añadir y versionar únicamente *hellogit.py*. Para hacerlo, ejecutamos la sentencia git add hellogit.py. A continuación, al ejecutar de nuevo git status, veremos que *hellogit.py* ya se encuentra en el área de *Stage*, una zona intermedia lista para ser guardada mediante un commit. Muy pronto conoceremos este nuevo concepto.

```
~/Desktop/Hello Git  git init




Initialized empty Git repository in /Users/braismoure/Desktop/Hello Git/.git/
               ~/Desktop/Hello Git  master  git branch -m main
               ~/Desktop/Hello Git  main  git status
On branch main

No commits yet

Untracked files:
  (use "git add <file>..." to include in what will be committed)
        hellogit.py

nothing added to commit but untracked files present (use "git add" to track)
               ~/Desktop/Hello Git  main  git add hellogit.py
               ~/Desktop/Hello Git  main ◆
```

Con `git add` ejecutado, y siendo conscientes de los ficheros de los que queremos tomar la primera *fotografía*, lo siguiente será confirmar dicha acción.

Recordemos los comandos: `git init` para iniciar el *repositorio*, `git status` para ver el estado de los archivos en la *rama*, y `git add` para añadirlos al área de preparación o *Stage*. Debemos saber que, si ejecutamos `git add .`, añadiremos todos los archivos pendientes de versionar, aunque en este ejemplo lo hemos hecho de uno en uno.

Ya tenemos listo el archivo *hellogit.py* para la *fotografía*. Lo siguiente es tomarla utilizando un commit.

Sin más, para hacer una *fotografía* de lo que tenemos en el área de *Stage*, ejecutamos git commit. Podríamos simplemente presionar *Enter* para lanzarlo, pero esto abriría un editor de texto dentro de la terminal, donde deberíamos escribir un comentario asociado al commit. En lugar de eso, usaremos el comando git commit -m, seguido de un mensaje que describa de forma concisa qué se incluye en la *fotografía*, por ejemplo, *"Este es mi primer commit"*. De esta forma, especificando la propiedad -m, asociamos un mensaje al commit sin abrir un editor.

```
Initialized empty Git repository in /Users/braismoure/Desktop/Hello Git/.git/
                            ~/Desktop/Hello Git    master    git branch -m main
                            ~/Desktop/Hello Git    main    git status
On branch main

No commits yet

Untracked files:
  (use "git add <file>..." to include in what will be committed)
        hellogit.py

nothing added to commit but untracked files present (use "git add" to track)
                            ~/Desktop/Hello Git    main    git add hellogit.py
                            ~/Desktop/Hello Git    main +    git status
On branch main

No commits yet

Changes to be committed:
  (use "git rm --cached <file>..." to unstage)
        new file:   hellogit.py

                            ~/Desktop/Hello Git    main +    git commit
Aborting commit due to empty commit message.
                            ~/Desktop/Hello Git    main +    git commit -m "Este es mi primer commit"
[main (root-commit) cee84b4] Este es mi primer commit
 1 file changed, 0 insertions(+), 0 deletions(-)
 create mode 100644 hellogit.py
                            ~/Desktop/Hello Git    main
```

Al ejecutar este comando, Git nos informa de que se ha creado un `commit` con un **hash** asociado. Este *hash* es muy importante en Git, ya que identifica de manera única cada *punto de guardado* en el sistema de control de versiones.

Si volvemos a ejecutar `git status`, veremos que ahora ya existe un `commit`, pero el archivo *.DS_Store* (propio de *macOS*) sigue sin estar incluido en el área de *Stage*, ya que no hemos realizado su `git add`, y por lo tanto no se ha reflejado en el `commit`.

De esta manera hemos realizado nuestra primera *fotografía* en Git.

Capítulo 9: Estado $git log y $git status

Comandos

```
1  git log
2  git status
```

Conceptos

Introducción

Como hemos visto, una de las principales características de Git es su capacidad para tomar *fotografías* de los cambios realizados en el código fuente. Estas fotografías se denominan *commits*, y representan una *instantánea* del estado del proyecto en un momento determinado.

Log

Para visualizar las *fotografías* realizadas en un *repositorio* de Git, se utiliza el comando `git log`. Al ejecutarlo, Git muestra una lista con todos los *commits* realizados en el *repositorio*, incluyendo el *hash* único que identifica a cada uno de ellos. Esta información es útil para rastrear

69

la evolución del proyecto y asegurarnos de que todas las *fotografías* se han almacenado según lo esperado.

Además de mostrar los *commits*, `git log` también comparte información sobre el autor de cada uno de ellos, incluyendo su nombre de usuario y la dirección de correo electrónico. Esta información es importante porque ayuda a identificar quién realizó cada cambio en el código fuente. Al configurar Git, recordemos que es obligatorio especificar un nombre de usuario y una dirección de correo electrónico para poder realizar *commits* en el *repositorio*.

Status

El comando `git status` es otro de los comandos más útiles en Git. Este comando muestra el estado actual del repositorio, incluyendo los archivos modificados, eliminados o agregados, así como también los archivos que se han añadido al área de *Stage*, junto con los que aún no han sido *seguidos* por Git.

Cuando se ejecuta `git status`, Git muestra una lista de los archivos modificados en el directorio de trabajo. Estos archivos pueden, o no, haber sido *seguidos* por Git. Si se han *seguido*, se mostrarán como *cambios listos para* `commit` en el área de *Stage*. Si no se han *seguido*, se mostrarán como *cambios no rastreados*. El término *seguir* hace referencia a si Git está teniendo en cuenta a ese archivo para realizar futuras acciones de guardado o eliminación.

Como ya hemos visto, para agregar los archivos modificados al área de *Stage*, se utiliza el comando `git add`, seguido del nombre del archivo modificado. Esto mueve el archivo al área de *Stage*, que es donde se preparan los cambios para ser incluidos en el próximo `commit`.

También es importante destacar que `git status` muestra información adicional sobre el estado del repositorio, como la *rama* actual en la que nos encontramos trabajando, información sobre los *commits* (como el mensaje asociado), y si se ha fusionado con otra *rama*.

HEAD

El concepto de **HEAD** también es importante en Git. *HEAD* es un puntero que apunta al `commit` actual en el repositorio. En otras palabras, *HEAD* indica la posición actual en la línea de tiempo del proyecto. Cuando se realiza un nuevo `commit`, *HEAD* se mueve al nuevo `commit`, convirtiéndose en el `commit` más actual. Esto nos permite movernos fácilmente entre las diferentes versiones del proyecto y ver exactamente qué cambios se realizaron en cada `commit`.

Curso

Lección 9: mouredev.com/git-github-09[1]

Inicio: 00:53:27 | Duración: 00:04:21

¿Quieres saber si se ha realizado un `commit` en Git? Para ello, vamos a usar `git log`.

Comprobaremos en la consola que ya tenemos un `commit`, junto a su *hash* único en la *rama main*. Más adelante, también hablaremos sobre el concepto de

---

[1] https://mouredev.com/git-github-09

HEAD. El autor es importante, por eso hablamos de que era obligatorio a la hora de configurar Git. Si intentamos hacer un `commit` sin usuario o email, no nos dejará hacerlo. En nuestro caso, nuestro propio usuario, con cierto email, en una fecha y hora determinadas, y con un *hash* único asignado, generó un `commit` diciendo *"Este es mi primer commit"*. El que consideramos como nuestra primera *fotografía*.

Sigamos trabajando. Imaginemos que ahora creamos otro archivo llamado *hellogit2.py*, y le añadimos un `print`. Regresamos a la terminal y escribimos `git status`. Nos muestra que no solo está el archivo anterior, sino también uno nuevo llamado `hellogit2.py`, que podría añadirse al área de *Stage*. Comenzamos en un área *Local*, y tenemos la posibilidad de pasar archivos al área de *Stage*. ¿Cómo lo hacemos? Si queremos añadir *hellogit2.py* a un `commit`, tendremos que escribir `git add hellogit2.py`, y a continuación `git commit -m "Este es mi segundo commit"`. Finalizamos el `commit` y se añade ese nuevo archivo.

```
                        ~/Desktop/Hello Git    main    git status
On branch main

No commits yet

Untracked files:
  (use "git add <file>..." to include in what will be committed)
        hellogit.py

nothing added to commit but untracked files present (use "git add" to track)
                        ~/Desktop/Hello Git    main    git add hellogit.py
                        ~/Desktop/Hello Git    main +  git status
On branch main

No commits yet

Changes to be committed:
  (use "git rm --cached <file>..." to unstage)
        new file:   hellogit.py

                        ~/Desktop/Hello Git    main +  git commit
Aborting commit due to empty commit message.
                        ~/Desktop/Hello Git    main +  git commit -m "Este es mi primer commit"
[main (root-commit) cee84b4] Este es mi primer commit
 1 file changed, 0 insertions(+), 0 deletions(-)
 create mode 100644 hellogit.py
                        ~/Desktop/Hello Git    main    git status
On branch main
nothing to commit, working tree clean
                        ~/Desktop/Hello Git    main
```

Al escribir `git log`, ahora aparecerán dos *commits*. En uno, agregamos el primer archivo, y en el otro, el segundo. Cada `commit` ha generado un *hash* diferente. De esta manera tendremos dos *fotografías*, reflejando, además del archivo *hellogit.py*, también el archivo *hellogit2.py*.

```
                                        HEAD
Author: MoureDev <braismoure@mouredev.com>
Date:   Tue Mar 5 13:35:00 2024 +0100

    Este es mi segundo commit

Author: MoureDev <braismoure@mouredev.com>
Date:   Tue Mar 5 13:30:23 2024 +0100

    Este es mi primer commit
(END)
```

Estas dos *fotografías* nos permiten movernos entre

ambos estados del proyecto, y visualizar en cada caso lo que contienen. Ahora, imaginemos que editamos el primer archivo, cambiando el mensaje del print. Al hacer esto, hemos modificado el archivo. Si escribimos git status, nos dirá que *hellogit.py* ha cambiado con respecto a su última *fotografía*. El sistema de control de versiones lo detectará automáticamente. Visto esto, podemos plantearnos: *¿queremos guardar una fotografía de este momento?* Si decidimos no guardarla, y continuar con el desarrollo, podemos hacerlo. Por ejemplo, cambiemos el contenido de *hellogit2.py* y guardemos los cambios. Al volver a ejecutar git status nos mostrará que hemos modificado tanto *hellogit.py* como *hellogit2.py*.

Capítulo 10: Operaciones con ramas $git checkout y $git reset

Comandos

```
1  git checkout <archivo>
2  git reset
3  git log --graph
4  git log --pretty=oneline
5  git log --decorate
6  git log --graph --pretty=oneline --decorate
```

Conceptos

Introducción

Vamos a explorar por una parte los nuevos comandos `git checkout` y `git reset`, que nos permitirán, entre otras cosas, regresar a estados anteriores de nuestros archivos que aún no han guardado sus cambios en Git, y, por otro lado, también aprenderemos a visualizar el historial de *commits* de diferentes maneras.

Checkout

Supongamos que acabamos de hacer algunos cambios en nuestro código y deseamos volver al estado anterior sin guardar las modificaciones. Para hacer esto, podemos usar el comando `git checkout`. Este comando nos permite situarnos en un punto específico del historial de *commits* o de un archivo.

Por ejemplo, si deseamos volver al estado previo de un archivo antes de modificarlo, podemos ejecutar el comando `git checkout <archivo>`.

Este comando nos llevará al estado previo de dicho archivo, correspondiente a la última *fotografía* tomada en la *rama* actual.

Reset

Si deseamos volver a la última *fotografía* completa tomada, podemos escribir `git reset`. Al lanzar este comando se nos informará de que se perderán los cambios en los archivos que no forman parte de un `commit`. Hecho esto, recuperaremos el contenido original del último punto de guardado de la *rama*.

Al ejecutar un `git reset`, Git nos mostrará una lista de archivos modificados que aún no se han guardado. Podemos elegir si deseamos hacer un *reset* de todos los archivos, o únicamente de algunos.

Visualizaciones

Si hacemos memoria, el comando `git log` nos permitía visualizar todo el historial de cambios que se han realizado en un proyecto. Es muy útil para rastrear el progreso del proyecto y ver qué cambios se han llevado a cabo.

Este comando nos mostrará una lista de todos los *commits* que se han realizado en el proyecto, junto con información detallada sobre quién hizo los cambios, cuándo se hicieron, y qué archivos se modificaron.

- Si deseamos revisar el historial de *commits* de una manera más visual, podemos usar el comando `git log --graph`. Este comando nos mostrará una representación gráfica de las *ramas* (cómo se dividen, y cómo se relacionan entre sí) y los *commits* del proyecto.
- Si queremos ver el historial de *commits* de una manera más simplificada, podemos usar el comando `git log --pretty=oneline`. Este comando te mostrará una vista rápida de cada `commit` en una sola línea. Podremos consultar rápidamente el *hash* del `commit` y el mensaje de confirmación desde una vista compacta.
- También podemos utilizar el comando `git log --decorate` para consultar información adicional sobre los *commits*. Este comando nos permite visualizar rápidamente la línea de progreso de nuestra *rama* y sus *etiquetas* (un concepto que veremos más adelante) sin mostrar el *hash* completo.

Por supuesto, puedes combinar todas las propiedades nombradas: `git log --graph --pretty=oneline --decorate`

Curso

Lección 10: mouredev.com/git-github-10[1]

Inicio: 00:57:48 | Duración: 00:05:14

Imaginemos que no queremos tener en cuenta ciertos cambios en nuestro código, y deseamos regresar a un estado anterior sin guardar lo que hemos estado haciendo en el proyecto. Para eso, podemos usar git checkout. Si escribimos git y presionas la tecla de tabulación, veremos diferentes comandos que podemos utilizar. Recuerda que esto nos puede resultar muy útil.

Como comentábamos, vamos a explorar el comando git checkout. Un comando que nos permite situarnos en un punto específico de un commit o archivo.

Supongamos que queremos volver al estado previo del archivo *hellogit2.py*, antes de modificarlo. Si recordamos, no hicimos un commit de los cambios, así que vamos a ejecutar git checkout hellogit2.py. Al lanzarlo, se nos indicará que se ha actualizado. Ahora, el archivo está en su estado previo al cambio, como en la última *fotografía* realizada en esa *rama*.

Si queremos volver a la última *fotografía* completa, podemos escribir git reset. Al lanzarlo, Git nos informará de que las modificaciones no guardadas en los archivos se perderán.

Si lo deseamos, podemos hacer un git reset de todo el proyecto, o simplemente usar git checkout y regresar al estado previo de un archivo concreto.

---

[1] https://mouredev.com/git-github-10

Recuperemos un concepto del que ya hemos hablado: la revisión del *Log*. Vamos a extender su funcionalidad para conocerlo más en profundidad.

Hagamos un nuevo `commit`, modificando el contenido de *hellogit.py*. Como siempre, ejecutaremos `git add hellogit.py` para añadir los cambios, y `git commit -m "<mensaje>"` para confirmarlos. Con `git log` ahora descubriremos que ya se han realizado tres *commits*.

Podemos ver ese historial de *commits* de diferentes maneras. Por ejemplo, utilizando `git log --graph` para mostrar una representación gráfica de las *ramas*. Si deseamos verlo de manera más simplificada, podemos ejecutar `git log --graph --pretty=oneline`. Así tendremos una vista rápida de los tres *commits* en una única línea cada uno.

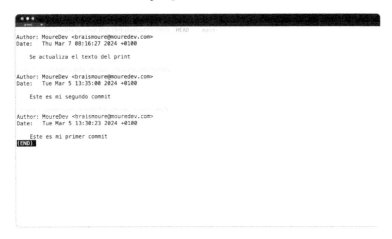

Además, es posible abreviar los *hashes* de los *commits* utilizando otro comando. Probemos con git log --graph --decorate --all --oneline. Esto nos permite visualizar rápidamente la línea de progreso de nuestra *rama* sin mostrar el *hash* completo (suficiente para la mayoría de los casos en los que tengamos que utilizar ese *hash*).

En resumen, en esta lección hemos aprendido los comandos git checkout y git reset para regresar a estados anteriores de nuestros archivos. Por otra parte, también hemos ampliado nuestro conocimiento sobre cómo visualizar el *log* de *commits* de diferentes maneras.

Capítulo 11: Alias `$git alias`

Comandos

```
1  git config
2  git config --global alias.tree '<comando>'
3  git tree
```

Conceptos

Introducción

Git es una herramienta esencial en el sector del desarrollo de software. Posiblemente pasaremos gran parte de nuestro tiempo interactuando con Git y sus comandos. Sin embargo, a veces puede resultar difícil recordar ciertos comandos de Git, junto a sus propiedades y combinaciones.

Afortunadamente, Git nos permite crear **Alias** para simplificar este proceso.

Alias

Para acceder a la configuración de Git utilizábamos el comando `git config` junto al modificador `--global`,

81

para que esta se aplique a todas las interacciones de nuestro usuario en Git.

Una vez que hemos accedido a la configuración de Git, podemos crear distintos *Alias* para los comandos que usamos con frecuencia, o que nos resulten especialmente complejos. Por ejemplo, podríamos crear un *Alias* llamado **test**, que tenga asociado un comando concreto de Git.

Para crear ese *Alias* con el nombre *test*, simplemente lanzamos el comando `git config --global alias.test '<comando>'`. Hecho esto, cada vez que necesitemos ejecutar ese comando, simplemente tendremos que escribir `git test` desde la terminal.

Conclusión

La creación de *Alias* es solo una de las formas con que podemos personalizar Git para adaptarlo a nuestras necesidades. A medida que nos familiaricemos con Git y progresemos en su uso, podremos agregar más *Alias* para los comandos que usamos con frecuencia.

Por darte un ejemplo, también podemos personalizar Git ajustando la configuración predeterminada. Tendremos la posibilidad de cambiar el editor de texto predeterminado a la hora de confirmar un `commit`, establecer límites para los mensajes asociados al `commit`, o cambiar la forma en que se muestran los mensajes de error. Entre muchas otras configuraciones.

Curso

Lección 11: mouredev.com/git-github-11[1]
Inicio: 01:03:02 | Duración: 00:02:03

A veces, resulta difícil recordar ciertos comandos de Git, junto a sus propiedades y combinaciones. Por suerte, Git nos permite crear los llamados **Alias** dentro de la configuración de nuestro usuario. ¿Recuerdas cómo se accede a la configuración de Git? Utilizábamos el comando `git config`. Y la marcábamos como `--global` para que la configuración fuera específica del usuario de la sesión.

A continuación, vamos a crear un *Alias* relacionado con el capítulo anterior, y el comando complejo `git log --graph --decorate --all --oneline`. *¿Qué nombre le pondremos?* Vamos a elegir **tree**, ya que nos hace pensar en la representación de árbol de nuestras *ramas*. Este nombre es totalmente personalizable. Después, entre comillas, especificamos el comando que queremos ejecutar y asociar. En este caso, será `git config --global alias.tree 'log --graph --decorate --all --oneline'`. Ejecutamos el comando y ya estaría creado nuestro nuevo *Alias*.

---

[1] https://mouredev.com/git-github-11

¿Recuerdas del archivo de configuración donde guardamos nuestro usuario y correo electrónico? Si lo abrimos ahora, veremos que también incluye el *Alias* que acabamos de crear. Este *Alias*, llamado *tree*, nos permitirá escribir simplemente git tree para lanzar su ejecución asociada, sin tener que recordar el comando complejo completo.

Conforme avancemos, podremos agregar más *Alias*. Únicamente tendremos que ir añadiéndolos a la configuración. Incluso podemos crear un *Alias* que ejecute varios comandos al mismo tiempo. La idea principal es que conozcamos la posibilidad de personalizar Git creando diferentes comandos más sencillos.

Capítulo 12: Ignorar ficheros `.gitignore`

Comandos

```
1  touch .gitignore
2  git add .gitignore
```

Conceptos

Introducción

A veces puede suceder que no queremos incluir ciertos archivos en un `commit`, ya sea porque son temporales, exponen información delicada, o simplemente no son relevantes para el proyecto.

En estos casos, es necesario saber cómo ignorar archivos en Git. En este capítulo, vamos a explicar cómo hacerlo utilizando el archivo llamado **.gitignore**.

El archivo .gitignore

El *.gitignore* es un archivo especial que Git utiliza para ignorar ciertos elementos, directorios o patrones en un proyecto. Este archivo se coloca en la raíz del proyecto y se le pueden añadir reglas. Es importante destacar que, los archivos que se añadan a *.gitignore* no se eliminarán del sistema, sino que simplemente serán ignorados por Git a la hora de trabajar con ellos.

Creación

Para crear un archivo *.gitignore* podemos utilizar el comando `touch` desde la terminal o desde el propio sistema de archivos del sistema operativo. Es importante que el archivo lleve un punto al principio para que sea interpretado como oculto. También es esencial que se llame exactamente *.gitignore*. Una vez creado, se visualizará en la lista de archivos del proyecto.

Uso

Para ignorar archivos en Git, debemos añadir la ruta o el nombre del archivo como contenido del *.gitignore*. Por ejemplo, si queremos ignorar un *<nombre_archivo>* en todo el proyecto, debemos añadir la línea `**/<nombre_-archivo>` dentro del *.gitignore*.

Esta línea indica a Git que debe ignorar archivos llamados *<nombre_archivo>*, situados en cualquier parte proyecto. Es importante destacar que la línea debe comenzar con dos asteriscos, que indican que la regla se aplicará en cualquier lugar del proyecto.

Una vez que se ha añadido la línea al archivo *.gitignore*, Git dejará de considerar el archivo *<nombre_archivo>* en el área de *Stage*, y no se incluirá en ningún `commit` futuro.

A continuación, vamos a nombrar las formas más habituales de ignorar archivos. Dentro del archivo

.gitignore se pueden utilizar diferentes mecanismos para especificar los archivos, carpetas o patrones que se quieren ignorar en el sistema de control de versiones.

Algunos de estos mecanismos son:

- Archivos por su nombre: Se puede escribir el nombre exacto del archivo que se quiere ignorar. Por ejemplo: `archivo_temporal.txt`.
- Carpeta completa: Se puede escribir el nombre de una carpeta completa que se quiere ignorar. Por ejemplo: `carpeta_temporal/`.
- Patrón: Se pueden utilizar patrones que coincidan con múltiples archivos o carpetas que se quieren ignorar. Algunos ejemplos de patrones comunes son:

  - `*.log`: Ignora todos los archivos con extensión *.log*.
  - `**/temp`: Ignora la carpeta *temp* en cualquier parte del proyecto.

- Especificar varias reglas: Se pueden utilizar múltiples reglas en el archivo *.gitignore*, separadas por líneas en blanco o por un salto de línea.

Y estos son solo unos pocos mecanismos.

Es importante destacar que Git también soporta algunos caracteres especiales en los patrones de los archivos que se quieren ignorar, como el asterisco *(*)* para representar cero o más caracteres, el signo de interrogación *(?)* para representar un solo carácter, el signo de admiración *(!)* para realizar una negación, o los corchetes *([ ])* para especificar un conjunto de caracteres. Estos mecanismos pueden ser muy útiles para definir patrones más específicos y detallados.

Comprobación

Para comprobar que un archivo está siendo ignorado por Git, podemos ejecutar el comando `git status`, aunque existen otras opciones. Si el archivo está siendo ignorado, no debería aparecer en la lista de archivos pendientes de añadir al área de *Stage*.

Es importante destacar que el archivo *.gitignore* sí que debe ser añadido al *repositorio* en Git. Para hacer esto, se debe utilizar el comando `git add .gitignore`, y a continuación realizar un `commit` con el mensaje correspondiente. Una vez que se ha añadido el archivo *.gitignore* al *repositorio*, ya no será necesario volver a hacerlo.

Curso

Lección 12: mouredev.com/git-github-12[1]
Inicio: 01:05:05 | Duración: 00:03:59

Hasta el momento, hemos realizado tres `commits`, en los que hemos modificado distintos ficheros de nuestro proyecto. Pero quizás nos hemos dejado algo atrás. Si revisamos el estado de nuestro *repositorio* con `git status`, nos daremos cuenta de que existe un archivo llamado *.DS_Store*. Nunca hemos incluido este archivo en los `commits`, porque es temporal y tiene referencias a la propia máquina y al sistema operativo *macOS*. Al subir los cambios, no queremos incluirlo, y no podemos borrarlo, ya que se regenera constantemente. Aquí es donde entra el concepto de ignorar archivos. Si tenemos la certeza

---

[1] https://mouredev.com/git-github-12

de que nunca vamos a querer hacer una *fotografía* de un archivo, significará que tampoco queremos que aparezca como *pendiente* cada vez que ejecutamos `git status`. Para conseguir esto, existe un archivo propio de Git llamado **.gitignore**.

Vamos a crear un nuevo archivo llamado *.gitignore*. Podemos hacerlo desde la terminal con el comando `touch`, o desde el sistema de archivos. Recordemos que tiene que llevar un punto al principio para transformarlo oculto, y, por supuesto, debe llamarse *.gitignore*. Una vez creado, lo visualizaremos en la lista de archivos.

Los archivos, rutas, o expresiones que añadamos al *.gitignore*, serán ignorados por Git. Creamos este archivo en la raíz del proyecto, y, para excluir los *.DS_Store*, agregamos la línea `**/.DS_Store`.

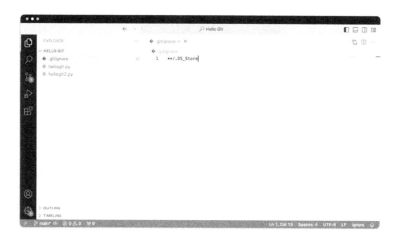

Así estamos indicando que cualquier archivo llamado *.DS_Store* no se tendrá en cuenta para añadir al área de *Stage*. No importa dónde esté ubicado el archivo *.DS_-Store*, será ignorado.

Sin embargo, el archivo *.gitignore*, sí que debe ser añadido al *repositorio*. Lanzamos `git add .gitignore`, y a continuación `git commit -m "<mensaje>"`. Ejecutamos `git status`, y validamos que ya no hay ningún fichero pendiente. Nuestra *rama* está limpia.

Si tu proyecto no tiene un fichero temporal *.DS_-Store*, puedes crear uno de ejemplo para poner en práctica lo aprendido ignorando ficheros por nombre.

Capítulo 13:
Comparación de commits
$git diff

Comandos

```
1  git diff
2  git diff <hash_commit_a> <hash_commit_b>
3  git diff --name-only <hash_commit_a> <hash_commit_b>
```

Conceptos

Introducción

En este capítulo vamos a profundizar en el concepto de comparación de *commits* y su contenido.

Diff

El comando `git diff` nos permite consultar los cambios exactos realizados en nuestro código antes de realizar un `commit` (entre otras cosas). Para entender cómo funciona, vamos a utilizar un ejemplo. Hasta el momento, hemos realizado diferentes *commits* en una *rama*, pero ahora queremos llevar a cabo otras modificaciones en ciertos archivos.

Antes de hacer un commit, podemos utilizar el comando git diff para examinar los cambios exactos que hemos realizado.

En la consola, los cambios realizados aparecen con un signo menos *(-)* en la línea que ha sido eliminada, y un signo más *(+)* en la línea que ha sido añadida.

De esta manera, podemos llevar un control preciso de todos los cambios que hemos llevado a cabo en el proyecto.

Diff entre commits

Además de utilizar el comando git diff, para ver los cambios realizados en nuestro código antes de hacer un commit, también podemos emplear este comando para visualizar los cambios realizados entre dos *commits* específicos. Esto nos permite detectar todos los cambios efectuados en nuestro proyecto en un período de tiempo determinado.

Para utilizar el comando git diff entre dos *commits* específicos, debemos indicar los identificadores únicos de los *commits*, los llamados *hash*, que podemos consultar cuando hacemos un git log. Por ejemplo, si queremos ver los cambios realizados entre el commit *<hash_commit_a>* y el commit *<hash_commit_b>*, debemos escribir el comando git diff <hash_commit_a> <hash_commit_b> en la consola.

Este comando nos muestra los cambios realizados entre los dos *commits* especificados. En este caso, los cambios realizados también aparecerán con un signo menos *(-)* en la línea que ha sido eliminada, y un signo más *(+)* en la línea que ha sido añadida.

También podemos utilizar el comando `git diff` con otros argumentos, como el parámetro `--name-only`, que nos muestra solo los nombres de los archivos que han sido modificados entre los dos *commits* especificados. Por ejemplo, si queremos ver los nombres de los archivos modificados entre los *commits* *<hash_commit_a>* y *<hash_commit_b>*, podemos lanzar el comando `git diff --name-only <hash_commit_a> <hash_commit_b>`.

Conclusión

El comando `git diff` es una herramienta muy útil que nos permite ver los cambios realizados en nuestro código, ya sea antes de hacer un `commit`, o entre dos *commits* específicos. Esto nos permite tener un mayor control sobre nuestro proyecto y asegurarnos de que estamos realizando los cambios correctos.

Curso

Lección 13: mouredev.com/git-github-13[1]

Inicio: 01:09:04 | Duración: 00:02:50

Vamos a aprender un comando más antes de adentrarnos a fondo en el concepto de *rama*. Hasta el momento, hemos seguido avanzando y realizando diferentes *commits* en nuestra *rama main*.

---

[1] https://mouredev.com/git-github-13

En todo este tiempo siempre nos hemos encontrado en el extremo de la *rama* actual, pero recordemos que poseemos referencias a los *commits*, llamados *hash*, y, por lo tanto, podemos consultar qué hay en cada punto. Ahora, realizaremos un nuevo cambio en uno de nuestros archivos, *hellogit.py*, modificando el texto de su print. Imaginemos que hemos estado programando y no nos acordamos de todo lo que hemos modificado, así que no estamos seguros de si queremos hacer un commit de esos cambios. Como queremos saber qué hemos cambiado, con respecto al último commit, podremos usar el comando git diff.

Al ejecutarlo, observamos que nos señala que en el archivo *hellogit.py* algo ha desaparecido y algo nuevo ha aparecido. En concreto, una línea ha sido eliminada, y otra línea ha sido añadida. Esto hace referencia a que el contenido del print ha sido modificado. De esta manera, y sin hacer un commit, podemos examinar los cambios realizados en el código.

Esta funcionalidad es muy importante para entender el

valor que Git aporta a nuestro trabajo. Nos permite tener un control absoluto de todo lo que hacemos con nuestro código, incluso antes de realizar un `commit`. El comando `git diff` nos muestra con un signo menos *(-)* lo que se ha eliminado, y con un signo más *(+)* lo que se ha añadido. Gracias a esto podemos llevar un control más preciso de nuestros cambios.

Capítulo 14:
Desplazamientos en una
rama

Comandos

```
1  git checkout <hash>
2  git checkout HEAD -- .
```

Conceptos

Introducción

Una de las características más importantes de Git es su capacidad para realizar el seguimiento de cambios en el código, y permitirnos desplazarnos a través de diferentes versiones del mismo. En este sentido, los comandos `git log` y `git checkout` son muy útiles, ya que nos permiten visualizar todo el historial de modificaciones de nuestro proyecto, incluyendo quién hizo cada cambio, cuándo se realizó, y cuál fue el mensaje asociado, así como movernos al estado de cada `commit`.

Desplazamiento

Aunque el comando `git log` nos permite visualizar todo el historial de cambios, a veces puede resultar necesario desplazarnos a un `commit` específico. Para ello, podemos utilizar el comando `git checkout`, seguido del *hash* del `commit` al que queremos desplazarnos.

Al hacer esto, Git nos advertirá de que podríamos perder cambios que no hemos guardado, ya que nos estamos desplazando a una versión anterior del proyecto. Si estamos seguros de que queremos hacerlo, podemos confirmar, y Git actualizará el contenido de nuestro proyecto por el del `commit` correspondiente.

Es importante tener en cuenta que al desplazarnos a un `commit` anterior, los archivos que han sido modificados o eliminados en versiones posteriores, pueden no aparecer en nuestro proyecto actual. Esto es normal, ya que nos estamos moviendo a una versión anterior del proyecto que no incluye dichos cambios. Sin embargo, si en algún momento queremos volver al estado *fotografiado* del proyecto, podemos utilizar el comando `git checkout HEAD -- ..`. Esto no afectará a los archivos nuevos (no *rastreados*) ni al *área de preparación*.

Recordemos que otra forma de movernos al final de la *rama* es utilizando el *hash* abreviado del último `commit`.

Visualizar el árbol de commits

Para tener una mejor comprensión de cómo se relacionan los diferentes *commits* en nuestro proyecto, utilicemos los diferentes comandos de visualización del *log*.

Curso

Lección 14: mouredev.com/git-github-14[1]

Inicio: 01:11:54 | Duración: 00:07:37

Recordemos el comando `git log`. Nos enseñaba todo lo que había estado pasando en nuestro proyecto, como cuando creamos un primer archivo, y, según pasaba el tiempo, realizábamos varios *commits* en base a sus modificaciones. Pero, ¿y si queremos desplazar nuestro código al estado de un `commit` específico? Por supuesto, podemos hacerlo. Ya hemos visto cómo usar `git checkout` para devolver el contenido de un archivo al último `commit` realizado.

Si escribimos el *hash* del primer `commit` después de `git checkout`, algo así como `git checkout 0000000`, siendo *0000000* el *hash* correspondiente, Git nos avisará de que podríamos perder los cambios que no hemos guardado antes de llevar a cabo el desplazamiento. Al hacerlo, nuestro editor indica que algunos archivos han sido eliminados, pero en realidad, nos hemos movido a un estado anterior del proyecto.

---

[1] https://mouredev.com/git-github-14

Para regresar al estado actual de nuestro proyecto, podemos usar `git checkout HEAD -- ..` Al hacerlo, nos desplazamos al extremo final de la *rama* actual. Podemos revisar en el `git log` que hemos cambiado nuestra posición en el historial de *commits*. Otra manera de movernos al final de la *rama*, es simplemente haciendo `git checkout` seguido del *hash* abreviado del último `commit`.

Con `git log`, podemos comprobar cómo nuestro proyecto puede identificar los *commits*, y movernos entre ellos usando solo la parte final del *hash*. Al ejecutar `git tree` (creamos anteriormente un *Alias* para este comando), observamos que el puntero dentro de la *rama main* está en el último `commit`, al igual que *HEAD*. Nuestros últimos archivos han vuelto a aparecer en nuestro proyecto *local*.

```
                        ~/Desktop/Hello Git    main ●   git checkout hellogit.py
Updated 1 path from the index
                        ~/Desktop/Hello Git    main    git checkout cee84b47a96232900d796cd01de72fc89e7b0f7b

Note: switching to 'cee84b47a96232900d796cd01de72fc89e7b0f7b'.

You are in 'detached HEAD' state. You can look around, make experimental
changes and commit them, and you can discard any commits you make in this
state without impacting any branches by switching back to a branch.

If you want to create a new branch to retain commits you create, you may
do so (now or later) by using -c with the switch command. Example:

  git switch -c <new-branch-name>

Or undo this operation with:

  git switch -

Turn off this advice by setting config variable advice.detachedHead to false

HEAD is now at cee84b4 Este es mi primer commit
                        ~/Desktop/Hello Git   cee84b4   git checkout
                        ~/Desktop/Hello Git   cee84b4   git checkout HEAD
                        ~/Desktop/Hello Git   cee84b4   git log
                        ~/Desktop/Hello Git   cee84b4   git tree
                        ~/Desktop/Hello Git   cee84b4   git checkout 4d23cf3
Previous HEAD position was cee84b4 Este es mi primer commit
HEAD is now at 4d23cf3 Se modifica el print
                        ~/Desktop/Hello Git   4d23cf3  █
```

Recordemos que Git es un sistema de control de versiones distribuido. Tenemos una copia de todas las *fotografías* de la *rama* actual en nuestra máquina, pero Git las almacena de tal manera que no las vemos. Los archivos que parecían eliminados, en realidad, estaban almacenados, volviendo a aparecer cuando nos movimos al commit correspondiente.

Al desplazarnos por los *commits*, los archivos desaparecen y vuelven a aparecer dependiendo de su estado en ese momento. Esto es lo que significa trabajar con un control de versiones, y desplazarnos por una *rama*, aunque el concepto de *rama* no haga siempre referencia a una única. Lo veremos ampliado más adelante.

Capítulo 15: Reset y log de referencias $git reset --hard y $git reflog

Comandos

```
1  git reset --hard
2  git reset --hard <hash>
3  git reflog
```

Conceptos

Introducción

Continuando con nuestro aprendizaje de Git, en este capítulo vamos a explorar dos nuevos comandos: `git reset --hard` y `git reflog`. Estos comandos nos permitirán manejar, aún mejor, nuestro historial de *commits*, y corregir errores en caso de ser necesario.

Reset —hard

El comando `git reset --hard` es una variante más radical del comando `git reset`. Mientras que `git reset` nos permitía retroceder en el tiempo hasta un punto específico en nuestro historial de commits, con `git reset --hard` podremos eliminar todo lo que se haya hecho después del punto de retorno que le indiquemos, incluyendo los cambios no confirmados en el área de trabajo, y los *commits* adicionales que se hayan realizado.

Es importante tener en cuenta que el comando `git reset --hard` es una operación peligrosa, ya que borra permanentemente cualquier cambio posterior al punto de reseteo.

Reflog

¿Qué sucede si nos equivocamos al realizar un `git reset --hard` y queremos recuperar los cambios perdidos? Aquí es donde aparecerá para rescatarnos el comando `git reflog`. Este comando nos muestra el historial completo de todas las acciones realizadas en nuestro *repositorio*, incluidos los *commits* que creíamos haber eliminado con el comando `git reset --hard`.

Podemos utilizar esta lista para buscar el *hash* del `commit` al que queremos volver y recuperar los cambios perdidos.

Para recuperar esos cambios, simplemente buscamos en el listado el *hash* del `commit` al que queremos volver y ejecutamos de nuevo `git reset --hard` con ese identificador. Esto nos llevará de vuelta al punto en el que nos encontrábamos antes de ejecutar el `git reset --hard`.

Conclusiones

Es muy importante tener en cuenta que estos comandos son operaciones peligrosas que pueden tener consecuencias graves si se usan incorrectamente. Por lo tanto, es fundamental tener cuidado y asegurarse de que estamos en el punto correcto de nuestro historial antes de ejecutar cualquiera de ellos.

En general, estos comandos pueden ser muy útiles en situaciones en las que necesitamos ajustar nuestra línea de tiempo de *commits* o corregir errores en nuestro código. Con la práctica y el uso constante, podemos aprovechar al máximo las funcionalidades de Git para mejorar nuestro flujo de trabajo y colaboración en proyectos de software.

Curso

Lección 15: mouredev.com/git-github-15[1]

Inicio: 01:19:31 | Duración: 00:08:06

Sigamos aprendiendo nuevos comandos de Git. En concreto, un par más. En primer lugar, recordemos lo que hacía `git reset`. Este comando nos permitía desechar cambios o movernos a un punto específico en nuestro *repositorio*, sin considerar todo lo que se hizo después.

---

[1] https://mouredev.com/git-github-15

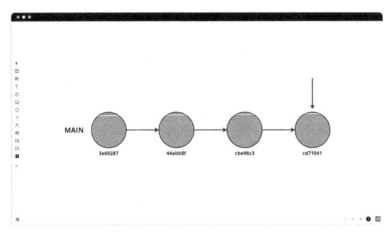

Existe una variante más destructiva del `git reset`, que añade el argumento (o *flag*) `--hard`: el `git reset --hard`. *¿Qué significa?* Hemos hecho cuatro *commits* en nuestra *rama main*, cada uno con un identificador que nos permite movernos entre ellos. Hasta ahora, ya comprobamos que con `git reset` podíamos resetear cambios o posicionarnos en un punto concreto de la línea del tiempo de nuestro *repositorio*.

Supongamos que nos damos cuenta de que los dos últimos *commits* son errores, y queremos eliminarlos. En este caso, podemos usar su variante `git reset --hard`. Para hacer esto, escribimos `git reset --hard` seguido del `hash` del `commit` al que queremos regresar. Al ejecutar este comando, la cabeza (*HEAD*) de nuestra *rama* se moverá al `commit` seleccionado, y todos los cambios posteriores desaparecerán, como si nunca hubieran existido.

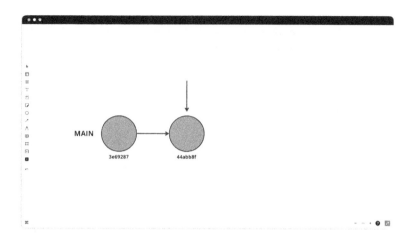

Pero, *¿qué pasa si nos equivocamos al hacer un* `git reset --hard` *y queremos recuperar los cambios perdidos?* Aquí es donde aparece un nuevo comando, el llamado `git reflog` (*log de referencias*). Este comando nos muestra el historial completo, repito, completo, de interacciones en nuestro *repositorio*, incluidos los *commits* que pensábamos que habíamos eliminado. Para recuperar los cambios perdidos, simplemente buscamos el *hash* del `commit` al que queremos regresar y ejecutamos de nuevo `git reset --hard` con ese identificador.

```
      HEAD  main  HEAD@{0}: checkout: moving from cee84b47a96232900d796cd01de72fc89e7b0f7b to 4d23cf3
      HEAD@{1}: checkout: moving from main to cee84b47a96232900d796cd01de72fc89e7b0f7b
      HEAD  main  HEAD@{2}: commit: Se modifica el print
      tag  clase_1  HEAD@{3}: commit: Se añade el .gitignore
      HEAD@{4}: commit: Se actualiza el texto del print
      HEAD@{5}: commit: Este es mi segundo commit
      HEAD@{6}: commit (initial): Este es mi primer commit
(END)
```

De esta manera, utilizando `git reset --hard` y `git reflog`, podemos movernos hacia adelante y hacia atrás en nuestro historial de *commits*. Con estos comandos, podemos corregir errores y ajustar nuestra línea del tiempo según sea necesario.

Capítulo 16: Etiquetas
$git tag

Comandos

```
1  git tag
2  git tag <nombre_tag>
3  git tag <nombre_tag> <hash_commit>
4  git show <nombre_tag>
5  git checkout <nombre_tag>
6  git tag -d <nombre_tag>
```

Conceptos

Introducción

En desarrollo de software, es esencial mantener un historial detallado de los cambios realizados en nuestro código. Git y GitHub son herramientas ampliamente utilizadas para gestionar versiones de código y colaborar en proyectos de manera eficiente. Una de las características más útiles de Git es su capacidad de etiquetar puntos específicos en el historial de cambios de nuestro *repositorio* utilizando *tags*.

Tag o etiqueta

Un **tag** en Git es una referencia a un punto específico en el historial de cambios de nuestro *repositorio*. Al crear un tag, podemos darle un nombre para identificarlo fácilmente en el futuro. Los *tags* pueden ser utilizados para marcar versiones de una aplicación, o cualquier otro punto importante en el historial de cambios.

Creación

Crear un tag en Git es muy sencillo. Simplemente escribimos git tag seguido del nombre que queremos darle a la etiqueta. Es recomendable utilizar nombres descriptivos y fáciles de entender, preferiblemente en minúsculas y con guiones bajos.

También podemos asignar un tag a un commit concreto utilizando git tag seguido del nombre y su *hash*.

Visualización

Para ver una lista de todos los *tags* que hemos creado, podemos utilizar el comando git tag, sin argumentos. Esto nos mostrará una lista de todos los *tags* en orden alfabético.

Si queremos ver más detalles sobre un tag específico, podemos utilizar el comando git show seguido del nombre del tag. Esto nos mostrará información detallada sobre el commit asociado a ese tag.

Desplazamiento

Los *tags* pueden ser utilizados para movernos rápidamente entre diferentes `commits` en nuestro historial de cambios. Para hacer esto, podemos utilizar el comando `git checkout` seguido del nombre del `tag`.

Eliminación

Por último, si queremos eliminar un `tag` que ya no necesitamos, podemos utilizar el comando `git tag -d` seguido del nombre del `tag`.

Es importante tener en cuenta que eliminar un `tag` no afecta el historial de cambios de nuestro *repositorio*, solo elimina la referencia a la etiqueta en ese punto específico.

Conclusión

Los *tags* son una herramienta muy útil en Git que nos permiten etiquetar puntos importantes en nuestro historial de cambios. Con los *tags* nos podemos desplazar rápidamente entre diferentes `commits`, y mantener un registro detallado de versiones de nuestra aplicación. Es importante utilizar nombres descriptivos y fáciles de entender para nuestros *tags*, y recordar que eliminar un `tag` no afecta el historial de cambios del *repositorio*.

Curso

Lección 16: mouredev.com/git-github-16[1]

---

[1] https://mouredev.com/git-github-16

Inicio: 01:27:37 | Duración: 00:09:59

Vamos a hablar sobre el comando git tag. Un tag, o etiqueta, nos permite hacer referencia a un commit específico. Los *tags* nos resultan muy útiles cuando queremos marcar puntos importantes en nuestro *repositorio*, como versiones o puestas en producción de la aplicación.

Podríamos usar un tag para marcar todo lo que hemos subido hasta un punto específico y significativo, como por ejemplo una supuesta versión *1.0* de nuestra aplicación. Para crear un tag, simplemente escribimos en la terminal git tag seguido del nombre del tag. Es una buena práctica utilizar minúsculas y guiones bajos en los nombres de los *tags*, por ejemplo: git tag v1.0.

Una vez creado el tag, si ejecutamos git log, observaremos que se ha añadido el tag a nuestro commit correspondiente. Podemos agregar tantos *tags* como queramos.

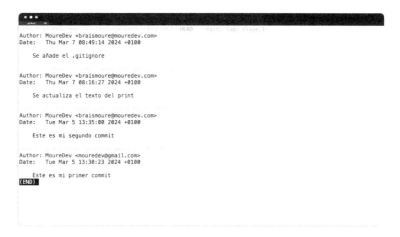

Para ver una lista de todos los *tags* que hemos creado, podemos usar el comando `git tag`, sin argumentos. Para movernos entre diferentes *commits* usando *tags*, podemos emplear `git checkout` seguido del nombre del tag, por ejemplo: `git checkout v1.0`.

Los *tags* también nos permiten movernos rápidamente a puntos específicos de nuestro *repositorio* sin tener que buscar el *hash* del `commit`. Esto es especialmente útil cuando queremos solucionar errores en versiones anteriores, o trabajar sobre el código fuente de una versión específica.

Si nos hemos desplazado, otra manera de volver al final de nuestra *rama* actual es utilizando `git checkout` seguido del nombre de la *rama*, por ejemplo: `git checkout main`.

Hemos visto cómo utilizar `git tag`, y cómo movernos entre diferentes *commits* usando *tags*. Por supuesto, los *tags* también se puede eliminar usando el argumento `-d`, por ejemplo, ejecutando `git tag -d v1.0`.

Capítulo 17: Creación de ramas `$git branch` y `$git switch`

Comandos

```
1  git branch
2  git branch <nombre_rama>
3  git switch <nombre_rama>
4  git checkout -b <nombre_rama>
5  git switch -c <nombre_rama>
```

Conceptos

Introducción

Uno de los conceptos fundamentales de Git son las *ramas*, que permiten a los equipos trabajar en diferentes flujos de desarrollo de manera independiente y colaborativa. En esta lección, exploraremos más a fondo el concepto de *ramas* en Git, aprendiendo a gestionarlas con los comandos `git branch` y `git switch`.

Utilidad

Las *ramas* en Git permiten a los equipos trabajar en diferentes flujos de trabajo de manera independiente sin afectar la *rama* principal.

Creación

Para crear una nueva *rama* en Git, utilizamos el comando `git branch`, seguido del nombre de la nueva *rama*.

Desplazamiento

Para desplazarnos a una *rama* diferente, utilizamos el comando `git switch`, seguido del nombre de la *rama* a la que deseamos movernos.

También podemos crear una *rama* y desplazarnos directamente a ella. Para ello utilizamos `git checkout -b` o `git switch -c`, seguido del nombre de la nueva *rama*.

Recuerda que al cambiar de *rama*, nuestros archivos y directorios se actualizarán según el estado de la *rama* a la que nos estamos desplazando. Por lo tanto, debemos asegurarnos de guardar y hacer `commit` de nuestros cambios antes de cambiar de *rama* para evitar perder cualquier trabajo.

Diferencia entre switch y checkout

Hemos utilizado `switch` y `checkout` para desplazarnos entre *ramas*, por eso es muy habitual plantearse cuál es la diferencia entre ambos comandos. La diferencia principal entre `git switch` y `git checkout` es que `git switch` está diseñado específicamente para cambiar entre *ramas*, mientras que *git checkout* tiene varias funciones, incluyendo la capacidad de cambiar entre *ramas*, *hash*, *tags* y *commits*.

En otras palabras, `git switch` es una instrucción más especializada enfocada exclusivamente en las *ramas*, mientras que `git checkout` contempla una utilización más general.

Además, `git switch` tiene una sintaxis más clara y fácil de entender que `git checkout`, lo que la hace más fácil de utilizar, y reduce la posibilidad de cometer errores.

Por lo tanto, siguiendo las propias recomendaciones del equipo de Git, si deseamos cambiar entre *ramas*, es recomendable utilizar *git switch* en lugar de *git checkout*.

Desarrollo

Una vez que estamos en una nueva *rama*, podemos trabajar en ella como lo haríamos en otra cualquiera. Por ejemplo, podemos crear nuevos archivos, modificar los existentes, ejecutar más comandos de Git, etc.

Conclusión

Las *ramas* en Git son una herramienta fundamental para permitir a los equipos trabajar en diferentes flujos de manera independiente y colaborativa. Los comandos `git branch` y `git switch` son esenciales para gestionar estas *ramas*.

Además, las *ramas* también pueden ser utilizadas para experimentar sin afectar la *rama* principal. Por ejemplo, podemos crear una nueva *rama* para probar una nueva funcionalidad, o hacer cambios radicales en el código fuente sin afectar a la estabilidad del proyecto.

Sin embargo, tengamos en cuenta que, tener demasiadas *ramas*, puede hacer que la gestión del proyecto sea más compleja. Por lo tanto, es recomendable mantener un número limitado de *ramas* y eliminar las que ya no son necesarias.

El uso de *ramas* en Git es una práctica esencial para el desarrollo de proyectos colaborativos de manera eficiente y organizada. Ya, por último, nombrar que las *ramas* también se puede fusionar, integrando los cambios y funcionalidades de ambas en una única, todo esto sin afectar la estabilidad del proyecto. Hablaremos más del concepto de fusión en los capítulos siguientes.

Curso

Lección 17: mouredev.com/git-github-17[1]

Inicio: 01:37:36 | Duración: 00:11:30

En esta lección, vamos a explorar el concepto principal de Git: las *ramas*. Hasta ahora, hemos trabajado en una sola línea del tiempo, la llamada *rama* principal o *main*. Git permite crear ramificaciones, y, para gestionarlas, usaremos el comando git branch.

¿Por qué usar ramas? Imaginemos que queremos trabajar en una nueva funcionalidad, por ejemplo, cómo agregar

---

[1] https://mouredev.com/git-github-17

un inicio de sesión a nuestra aplicación ficticia, claro está, sin afectar la *rama* principal. Para ello, crearemos una *rama* llamada *login*, para así trabajar en ella de forma independiente.

¿Cómo creamos ramas? Únicamente ejecutamos el comando *git branch* seguido del nombre de la *rama*, en este caso, git branch login. Esta ejecución creará la *rama* login, pero, a pesar de haber creado la nueva *rama*, aún nos encontramos situados en la *rama main*.

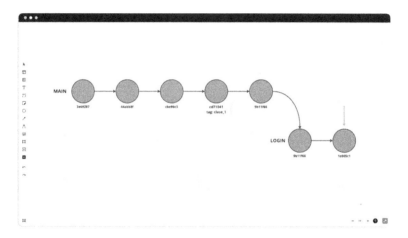

Para desplazarnos a la nueva *rama*, utilizaremos un nuevo comando, git switch, como siempre, seguido del nombre de la *rama* en la que nos queremos situar, en este caso, git switch login. Ya nos encontramos en la *rama login*, pudiendo así comenzar a trabajar en nuestra nueva funcionalidad sin interferir con el contenido y evolución de la *rama* principal. Por ejemplo, vamos a crear un nuevo archivo llamado *login.py*, y a añadirle los cambios que deseemos, como un print de prueba. A continuación, ejecutamos nuestra combinación habitual de git add y git commit para guardar estos cambios en la *rama login*.

Para regresar a la *rama main*, ejecutaremos `git switch` `main`. Ya en la *rama main*, observaremos que no aparecen los cambios realizados en la *rama login*. Así, cada *rama* funciona de manera independiente, permitiéndonos trabajar en diferentes funcionalidades sin afectarse entre sí.

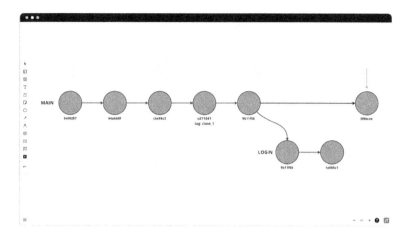

Las *ramas* se pueden dividir aún más, lo que permite a los equipos colaborar autónomamente y de maneras infinitas. Cuando las funcionalidades estén listas, podrán integrarse en la *rama* principal (o en la *rama* que se desee).

En resumen, las *ramas* en Git permiten trabajar en diferentes flujos de trabajo de manera independiente y colaborativa. Los comandos `git  branch` (junto con sus variaciones) y `git  switch` son fundamentales para gestionar estas *ramas*.

Capítulo 18: Combinación de ramas $git merge

Comandos

```
1  git merge <nombre_rama>
```

Conceptos

Introducción

Como ya hemos dicho, una de las características más importantes de Git es su capacidad para gestionar flujos de trabajo en base a *ramas*.

Las *ramas* son copias independientes del código base, lo que nos permite trabajar en diferentes características o funcionalidades sin afectar al código principal. Sin embargo, en algún momento será necesario integrar el trabajo realizado en una *rama* en otra, para mantener así la coherencia y la compatibilidad entre las diferentes versiones, y continuar evolucionando el proyecto.

Merge

Git nos ofrece el comando `git merge` para *fusionar* los cambios realizados en una *rama* con otra. Este comando toma los cambios realizados en una *rama* y los aplica a otra, creando un nuevo `commit` que combina ambos historiales.

Para realizar un `merge`, es necesario estar situados en la *rama* de destino y ejecutar el comando `git merge`, seguido del nombre de la *rama* que se desea *fusionar*. Es importante tener en cuenta que antes de realizar un `merge`, se deben resolver los *conflictos* que puedan surgir si hay cambios en ambas *ramas*, cambios que afecten a un mismo archivo. El concepto de *conflicto* lo veremos detallado en el siguiente capítulo.

Una vez que se realiza un `merge`, es posible comprobar que los cambios se han aplicado correctamente en la *rama* de destino utilizando los comandos `git status` o `git log`. Es importante recordar que, al realizar un `merge`, se crea un nuevo `commit` que combina el historial de ambas *ramas*, lo que significa que la *rama* de destino avanzará en el tiempo más allá del último `commit` realizado en la *rama* que se fusionó.

Conclusión

El comando `git merge` es esencial para mantener la coherencia y la compatibilidad entre diferentes versiones del código en un proyecto colaborativo (o individual). A través de la *fusión* de *ramas*, es posible integrar el trabajo realizado en una versión del código. Siempre es importante asegurarnos de resolver cualquier *conflicto* antes de realizar un `merge`, y comprobar que los cambios se hayan aplicado correctamente en la *rama* de destino.

Curso

Lección 18: mouredev.com/git-github-18[1]

Inicio: 01:49:06 | Duración: 00:05:23

Imaginemos que otro equipo de desarrollo ha seguido trabajando en la *rama main*, llegando un momento en el que queremos saber qué ha estado haciendo dicho equipo. Puede que hayan pasado horas, o incluso días desde que comenzaron a trabajar, por lo que nos interesa asegurarnos de que, lo que han implementado en la *rama main*, sigue siendo compatible con lo que tenemos en nuestra *rama login* (que creamos en la lección anterior). Básicamente, necesitamos mantener ambos flujos actualizados.

Lo que buscamos es aplicar los cambios de la *rama main* en nuestra *rama login*. Así comprobaremos que ambos desarrollos no han provocado ningún efecto colateral al ejecutar sus funcionalidades de manera conjunta. Para ello existe el comando `git merge`.

Podemos definir `merge` como la acción de *fusionar* o *combinar* cambios entre *ramas*. Si nos encontramos en la *rama login*, y queremos añadir los cambios de la *rama main*, únicamente ejecutaremos `git merge main`.

---

[1] https://mouredev.com/git-github-18

```
  ● ● ●
                    ~/Desktop/Hello Git     main    git branch login
                    ~/Desktop/Hello Git     main    git tree
                    ~/Desktop/Hello Git     main    git switch login
Switched to branch 'login'
                    ~/Desktop/Hello Git     login   git tree
                    ~/Desktop/Hello Git     login   git log
                    ~/Desktop/Hello Git     login   git status
On branch login
Untracked files:
  (use "git add <file>..." to include in what will be committed)
        login.py

nothing added to commit but untracked files present (use "git add" to track)
                    ~/Desktop/Hello Git     login   git add .
                    ~/Desktop/Hello Git     login +   git commit -m "Login"
[login d997940] Login
 1 file changed, 0 insertions(+), 0 deletions(-)
 create mode 100644 login.py
                    ~/Desktop/Hello Git     login   git status
On branch login
nothing to commit, working tree clean
                    ~/Desktop/Hello Git     login   git switch main
Switched to branch 'main'
                    ~/Desktop/Hello Git     main    git add .
                    ~/Desktop/Hello Git     main +   git commit -m "Git 3 v2"
[main 50c9d78] Git 3 v2
 1 file changed, 1 insertion(+)
                    ~/Desktop/Hello Git     main    git switch login
Switched to branch 'login'
                    ~/Desktop/Hello Git     login   git merge main
```

Al hacer esto, observaremos que la *rama login* ha
podido actualizar su contenido, siempre que existan
modificaciones en *main* posteriores a la creación
de *login*. Esos cambios de *main*, ahora también los
tenemos en *login*. Para comprobarlo, podemos usar
git log, observando un commit que nos dice *merge
branch main into login*, lo que nos indica que hemos
combinado el contenido de la *rama main* dentro de
login, confirmándonos que dicho proceso de *fusión* ha
funcionado correctamente.

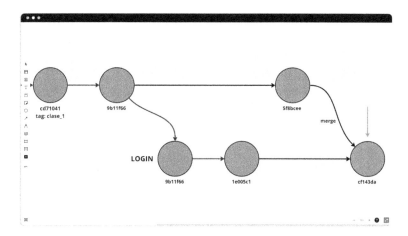

Hecho esto, la *rama login* ha avanzado en el tiempo más allá del último `commit` que se hizo en *main*. Cada cambio en el historial implica un nuevo `commit`, por lo que este proceso de combinación ha generado un nuevo identificador *hash*. Lo que acabamos de hacer es el proceso básico asociado a un `merge` entre *ramas*, logrando así mantener la coherencia entre ambas.

Capítulo 19: Conflictos

Comandos

```
1  git diff
2  git merge --theirs <archivo>
3  git merge --mine (o --ours) <archivo>
```

Conceptos

Introducción

Recordemos una vez más que una de las funcionalidades principales de Git es permitir que varios equipos trabajen en un mismo proyecto, coordinando sus cambios y asegurándose de que el resultado final sea coherente y funcional. Todo esto, como vimos, gracias a las *ramas* y los merge.

Sin embargo, el trabajo con *ramas* puede presentar algunos desafíos, especialmente cuando los cambios de dos o más *ramas* entran en *conflicto*, y dicho *conflicto* debe ser resuelto para poder continuar trabajando. En este capítulo, vamos a explorar en detalle qué es un *conflicto* en Git, cómo se produce, y cómo podemos solucionarlo.

Definición

Un **conflicto** en Git ocurre cuando dos *ramas* han modificado el mismo archivo, y Git no puede decidir qué cambio es el correcto. Esto puede ocurrir, por ejemplo, cuando dos equipos están trabajando en diferentes funcionalidades de un proyecto, pero ambos necesitan modificar un mismo archivo para lograr sus objetivos.

El *conflicto* se producirá cuando Git intenta *fusionar* las diferentes *ramas* y detecta que existen actualizaciones en el mismo archivo, y, en concreto, en la misma línea. En lugar de elegir un cambio por encima del otro, Git nos indica que existe un *conflicto*, y nos pide que lo resolvamos manualmente.

Solución

Resolver un *conflicto* en Git implica revisar los cambios que han hecho las diferentes *ramas*, y decidir cuál es el correcto. Para ello, Git nos muestra una vista de los cambios en confrontación, indicando las diferentes partes que han sido modificadas en cada *rama*.

Para solucionar el *conflicto*, debemos editar manualmente el archivo en problemas, y elegir qué cambios queremos mantener, o incluso combinar. Esto implica revisar cuidadosamente los cambios y decidir cuáles son necesarios para nuestro proyecto, siempre teniendo en cuenta si esa decisión puede afectar negativamente a la ejecución en la otra *rama*. Una vez que hayamos tomado una decisión, debemos guardar el archivo y realizar un `commit` para confirmar los cambios.

Existen varias maneras de solucionar un *conflicto* en Git, pero una de las más comunes es utilizando el comando git merge. Este comando *fusiona* dos *ramas*, y si existe un *conflicto*, nos permite revisar los cambios y aportar una solución manualmente. También podemos utilizar el comando git diff para comparar los cambios entre dos *ramas* y detectar posibles problemas.

Proceso

Si hay *conflictos*, Git nos informará de que ha habido un problema al realizar la combinación de las *ramas*, y mostrará los archivos que se han visto implicados.

- Tenemos que abrir el archivo en *conflicto* y resolver los problemas manualmente. Git nos mostrará los *conflictos* en cada archivo con el siguiente formato:

```
1  <<<<<<< HEAD
2  <codigo_rama_local>
3  =======
4  <codigo_rama_a_fusionar>
5  >>>>>>> <nombre_rama_a_combinar>
```

- Editaremos manualmente el archivo para dejar únicamente la versión correcta, o combinaremos fragmentos de ambos.
- Después de solucionar los conflictos, añadiremos los cambios a Git con el comando git add <archivo>. Este comando marca el *conflicto* del archivo como solucionado y listo para ser confirmado.
- Resueltos los problemas, pasaremos a la fase confirmación utilizando git commit -m "<mensaje>".

Por otra parte, también existe un mecanismo para seleccionar directamente las modificaciones de nuestra *rama*, o las de la que queremos combinar. Todo esto sin tener que editar y corregir el fichero en *conflicto* de forma manual. Para ello utilizaremos `git merge --theirs <archivo>` y `git merge --mine (o --ours) <archivo>`, opciones que nos permiten especificar qué versión de un archivo en *conflicto* se debe conservar durante el proceso de combinación.

- `git merge --theirs <archivo>`: Esta opción conserva los cambios de la *rama* que se está fusionando (rama a combinar), y descarta los cambios de la *rama local* (rama actual). Es decir, toma *su versión* (`theirs`) en lugar de la *nuestra* (`mine` o `ours`).
- `git merge --mine (o --ours) <archivo>`: Esta opción conserva los cambios de la *rama local* (rama actual), y descarta los cambios de la *rama* que se está *fusionando* (rama a combinar). Es decir, toma *nuestra versión* (`mine` o `ours`) en lugar de *su versión* (`theirs`).

Es importante tener en cuenta que estas opciones deben ser usadas con precaución, ya que pueden descartar cambios importantes en algunos casos.

Por lo general, en caso de duda, la mejor práctica es resolver los *conflictos* manualmente, revisando cada archivo en *conflicto*, y decidiendo qué versión conservar. De esta manera, nos aseguramos de que los cambios más importantes sean incluidos en la *rama* final.

Conclusión

Para evitar *conflictos* innecesarios, es recomendable que los equipos de desarrollo se coordinen y trabajen en diferentes partes del proyecto, minimizando así la cantidad de archivos que se modifican al mismo tiempo. Si un *conflicto* aparece, es crucial que los equipos mantengan una comunicación activa para resolverlo de manera efectiva, asegurando el avance del proyecto sin problemas.

Curso

Lección 19: mouredev.com/git-github-19[1]

Inicio: 01:54:29 | Duración: 00:09:13

Llegamos a una parte donde se puede complicar el proceso. Los `merge` que funcionan correctamente, no presentan ningún problema, pero, *¿qué pasa con los que no funcionan?* Vamos a analizar uno de los grandes dolores de cabeza cuando comenzamos a trabajar con Git y sus *ramas*, hablamos del concepto de **conflicto**.

Haremos algo. En un fichero *hellogit3.py*, ya existente en la *rama main*, y estando situados en la *rama login*, decidimos efectuar algún cambio en él, realizando un `commit` del mismo.

Como equipo asignado a *login*, hemos modificado el archivo *hellogit3.py*, que no debería ser competencia de nuestro desarrollo. Nos desplazamos a la *rama main* con `git switch`, y, por supuesto, observamos que ha

---

[1] https://mouredev.com/git-github-19

desaparecido el fichero *login.py*, ya que la *rama main* no tiene conocimiento de lo que se está haciendo en la *rama login*. Recordemos que anteriormente *fusionamos* (`merge`) el contenido de *main* en *login*. Por ello, *login* tiene los cambios de *main*, pero *main* no los de *login*.

Imaginemos que el equipo de *main* ha tenido que editar también a posteriori el fichero *hellogit3.py*. Ese equipo sí que estaba trabajando habitualmente en este archivo. Supongamos que era una funcionalidad que estaban implementando. Hacemos `commit` de ese cambio en *main*.

Ahora mismo, esto ha derivado en que tenemos un nuevo `commit` en las *ramas main* y *login*.

Desplacémonos de nuevo a la *rama login*.

Recuerda que usamos `git switch` como buena práctica para cambiar de *rama*. El comando `git checkout` nos servía para más cosas.

Vamos a analizar el siguiente punto. Queremos hacer exactamente lo mismo que antes. Hemos continuado trabajando en el *login*. De nuevo, queremos comprobar cómo está la *rama main* y combinar sus cambios en la *rama login*. Hacemos `git merge main`, acción que no ha funcionado, ya que ha aparecido un *conflicto* en el archivo *hellogit3.py*.

```
~/Desktop/Hello Git  login  git merge main
Auto-merging hellogit3.py
CONFLICT (content): Merge conflict in hellogit3.py
Automatic merge failed; fix conflicts and then commit the result.
~/Desktop/Hello Git  login  >M<
```

¿Por qué? Porque tanto la gente que está en la *rama main*, como el equipo de la *rama login*, han tocado el mismo archivo en la misma línea de código.

Aquí siempre nos asalta la pregunta: *¿Qué haces modificando mi código? ¿Por qué?*

Git es un sistema muy listo, y no le gusta complicarse la vida, por lo que se nos presenta la siguiente situación: *Aquí existe un conflicto. Como sistema de control de versiones no tengo ni idea de si el código que debe permanecer es el de main, o el de login. Por lo tanto, no te voy a permitir hacer un* `merge` *mientras no llegues a un acuerdo.*

Si se modificaran líneas diferentes del código en el mismo archivo, el `merge` podría funcionar en la mayor parte de los casos. Pero en nuestro ejemplo se ha modificado la misma línea de código.

¿En qué se traduce todo esto? En que debemos editar el archivo *hellogit3.py*. Una vez abierto, el editor nos ha resaltado las dos posibilidades. Nos ha dicho: *aquí hay conflictos, y mientras existan no puedes continuar con el proceso de* merge.

Dicho de otra forma, no podemos hacer un commit de este código. Debemos aclararnos y solucionarlo. ¿Con qué nos queremos quedar? ¿Con lo que hemos hecho nosotros en *login*, o con lo que se ha hecho por parte del otro equipo en la *rama main*?

Supongamos que, como equipo trabajando en la *rama login*, nos damos cuenta de lo siguiente: *este es un archivo del otro equipo. No teníamos que haberlo modificado*.

Finalmente, nos hemos dado cuenta de que lo hemos hecho mal (obviamente, las posibilidades en estos casos son infinitas). Nos vamos a quedar con lo que había desarrollado el equipo que trabajaba directamente desde *main*.

¿Cómo acabaremos resolviendo este conflicto? Podemos hacerlo directamente utilizando el comando git

`checkout --theirs`, ya que hemos decidido indicarle que nos queremos quedar con los cambios de la otra *rama*, no los nuestros. En caso contrario, utilizaríamos el parámetro `--mine (o --ours)`, en vez de `--theirs`. Git es muy extenso, por lo que podríamos hacerlo de más maneras. Incluso de manera manual, retocando el código del archivo en caso de tener que combinar el código de ambos equipos (ya que ambos podrían haber modificado el archivo de manera totalmente lícita y necesaria para sus intereses).

Lo más importante de este proceso es que entendamos los fundamentos. Qué es lo que está pasando, y qué pasos debemos seguir para alcanzar una solución. Estos pasos, a veces son muy simples y rápidos, y otras veces deberemos dedicarle todo el tiempo que sea necesario. Aún así, Git es un sistema pensado para que existan los menores *conflictos* posibles. En este ejemplo hemos forzado el *conflicto* para poder explorar el proceso de corrección.

Habitualmente, si las tareas de los equipos están bien organizadas, no deberían existir demasiados *conflictos*, y, en el caso de aparecer alguno, tendrían que resolverse sin muchas complicaciones.

Solucionada la colisión en el fichero, *¿qué es lo siguiente que tenemos que hacer para acabar solucionando el conflicto?* Pues bien, vamos a intentar realizar un `commit` del archivo, con su correspondiente mensaje. Al lanzarlo, observaremos que no funciona. Git nos dice: *¿por qué quieres hacer un* `commit`*?* Revisemos con `git status`, descubriendo que, al modificar de nuevo el archivo para solucionar el *conflicto*, debemos realizar primeramente un `git add` de este. Lo añadimos. Ahora sí que podremos realizar el `git commit`.

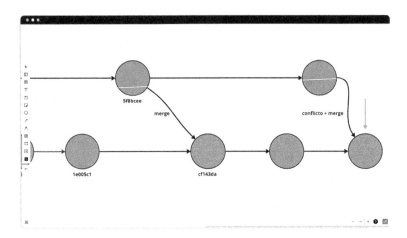

Vamos a revisar el proceso. Ya no se nos indica ningún problema. Al ejecutar de nuevo `git status`, parece que todo está correcto. Si hacemos un `git log`, ya aparecerá la corrección del *conflicto*. Por fin nos hemos puesto de acuerdo. Volvemos a estar totalmente actualizados.

Hemos aprendido a enfrentarnos a *conflictos* en Git cuando trabajamos con *ramas*, y cómo solucionarlos de manera efectiva. Lo importante es entender qué cambios se han hecho en cada *rama* y coordinarnos entre equipos para evitar *conflictos* innecesarios. Cuando se presentan *conflictos*, es crucial saber cómo abordarlos, resolverlos, y hacer un `commit` con la solución, para que así el trabajo en equipo pueda continuar, evitando futuros problemas. Git es una herramienta muy potente a la hora de gestionar colaboraciones, siempre y cuando se utilice de manera adecuada y siguiendo buenas prácticas.

Capítulo 20: Cambios temporales $git stash

Comandos

```
1  git stash
2  git stash pop
3  git stash apply
4  git stash list
5  git stash drop <stash>
6  git stash clear
```

Conceptos

Introducción

Continuando con el contexto de trabajo sobre *ramas*, en ocasiones puede ocurrir que necesitemos desplazarnos entre ellas mientras estamos trabajando en una tarea específica, pero aún no queramos hacer `commit` de los cambios realizados. Para estos casos, Git nos ofrece el comando `stash`, que nos permite guardar temporalmente las modificaciones en una *rama* sin tener que hacer `commit`.

Stash

Es un comando de Git que nos permite guardar temporalmente los cambios que hemos realizado en un archivo, o conjunto de archivos, sin tener que hacer `commit`. Cuando utilizamos `stash`, Git guarda una instantánea de los archivos modificados y los almacena en una pila, para que podamos trabajar en otra *rama* sin perder nuestro progreso. Los cambios guardados con `stash` se pueden aplicar posteriormente en la misma *rama*, o en otra diferente.

Utilización

Para utilizar `stash`, debemos seguir los siguientes pasos:

- Realizamos cambios en la *rama* actual. Para guardar temporalmente nuestros cambios sin hacer `commit`, debemos ejecutar `git stash`.
- Una vez nos hemos desplazado a la nueva *rama*, podemos realizar los cambios necesarios en los archivos correspondientes. Ya de vuelta a la *rama* en la que nos encontrábamos trabajando, podemos aplicar los cambios guardados previamente con `stash`, y continuar trabajando en ellos. Los recuperamos usando `git stash pop`. Este comando aplicará los cambios guardados con `stash` y los eliminará de la pila.
- Si preferimos recuperar, y mantener los cambios en la pila, podemos utilizar el comando `git stash apply`.

Es importante tener en cuenta que, si hemos guardado varios cambios con `stash`, debemos aplicarlos en el orden inverso al que los hemos guardado. Es decir, el último conjunto de cambios guardado será el primero en ser aplicado.

Gestión

En ocasiones, puede ser útil visualizar qué conjunto de cambios hemos guardado en la pila de `stash`. Para ello, podemos utilizar el comando `git stash list`. Cada conjunto de cambios estará identificado por un nombre y un mensaje descriptivo.

Si decidimos que ya no necesitamos los cambios guardados en un conjunto de `stash`, podemos eliminarlo de la pila con el comando `git stash drop <stash>`. Este comando eliminará el conjunto de cambios asociados al nombre del `stash`.

Utilizando `git stash clear` limpiaremos la pila completa de `stash`. Simplemente para que lo tengamos en cuenta, podríamos llegar a recuperar `stash` previamente eliminados.

Conclusión

En resumen, `stash` es un mecanismo muy útil de Git que nos sirve para guardar temporalmente los cambios realizados en una *rama* sin tener que hacer `commit`. Esto nos permite desplazarnos entre *ramas*, o realizar otras tareas temporales sin perder nuestro progreso en la *rama* actual. Con `stash`, podemos trabajar de manera más eficiente y ordenada en nuestro proyecto, y recuperar nuestros cambios guardados cuando lo consideremos oportuno.

Curso

Lección 20: mouredev.com/git-github-20[1]

Inicio: 02:03:42 | Duración: 00:06:29

Para esta lección, imaginemos que nos encontramos trabajando en la *rama login*, haciendo cambios en el archivo *login.py*. De repente, nos piden que arreglemos un error urgente en la *rama main*. Por supuesto, no queremos perder el trabajo de la *rama login*, ya que todavía no están finalizados como para hacer un `commit` con ellos. Para resolver esta situación tenemos el comando `stash`.

`git stash` nos permite guardar de forma temporal nuestros cambios sin hacer `commit`, así podremos cambiar de *rama* sin perder nuestro avance. Para guardar nuestros cambios en un `stash` simplemente ejecutamos `git stash`.

---

[1] https://mouredev.com/git-github-20

Una vez hecho esto, ya podemos cambiar a la *rama main* sin problemas con `git switch main`. Realizamos las correcciones necesarias en la *rama main*, y, cuando terminamos, volvemos a la *rama login* utilizando `git switch login`.

Para recuperar los cambios que guardamos en el `stash` utilizamos el comando `git stash pop`. Esto aplicará los cambios del `stash` y los eliminará de la lista. Si preferimos mantenerlos en la lista, podemos utilizar `git stash apply`.

En cualquier momento podremos revisar la lista de nuestros stash con el comando git stash list.

Si al final decidimos que no queremos utilizar los cambios que guardamos en un stash, será posible eliminarlos uno por uno con el comando git stash drop <stash>. También podemos eliminar todos utilizando git stash clear.

Capítulo 21:
Reintegración de ramas

Comandos

```
1  git diff <nombre_rama_a_reintegrar>
2  git merge <nombre_rama_a_reintegrar>
```

Conceptos

Introducción

El proceso descrito en este capítulo es fundamental para un correcto manejo de *ramas* en Git. Al trabajar en proyectos que evolucionan constantemente, es común que se utilicen diferentes *ramas* para desarrollar funcionalidades, correcciones de errores y mejoras.

Reintegración

Supongamos que hemos trabajado en una funcionalidad concreta dentro de una *rama*, llegando el momento de integrar este código con el de otra *rama* del proyecto, para así poder hacer uso de este desarrollo. Primero, necesitamos cambiar a la *rama* donde queremos añadir el nuevo código.

Una vez que ya estamos situados en dicha *rama*, usaremos el comando `git diff <nombre_rama_a_-reintegrar>` para comparar los cambios entre ambas *ramas*. Si hay diferencias, podemos usar el comando `git merge <nombre_rama_a_reintegrar>` para agregar los cambios de la *rama* en la que hemos estado trabajando dentro de la *rama* en la que los queremos reintegrar. Este es el proceso de **merge**, reintegración o *fusión* en Git del que ya hemos hablado anteriormente, pero que en este caso aplica al proceso de evolución seguro de nuestro proyecto.

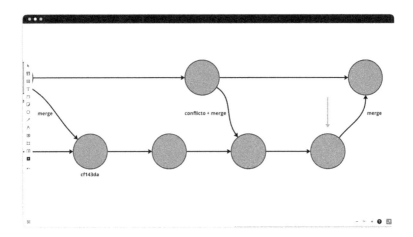

Después de completar el `merge`, podemos usar el comando `git status` para asegurarnos de que todo esté correctamente integrado.

Conclusión

Emplear *ramas* en Git nos permite organizar nuestro trabajo y colaborar de manera efectiva. Al aprender a trabajar con diferentes *ramas* y *fusionar* cambios, podemos mantener nuestro proyecto en orden y continuar trabajando en él de manera segura y efectiva.

Curso

Lección 21: mouredev.com/git-github-21[1]

Inicio: 02:10:11 | Duración: 00:06:15

Siguiente concepto. Ya hemos trabajado con `merge` y `stash`, y también nos hemos desplazamos entre *ramas* mientras el proyecto se seguía modificando. Supongamos que terminamos la funcionalidad de *login*. La hemos implementado, y todo está perfecto. Es hora de añadir el código de *login* en la *rama main*.

Nos cambiamos a dicha *rama* principal con `git switch main`. Por supuesto, en la *rama main* no tenemos la implementación del *login*. Así como anteriormente pudimos hacer un *merge* en la *rama login* de lo que teníamos en el *main*, ahora, teniendo una versión final del *login*, podemos hacer lo mismo en el sentido contrario.

Le indicamos a la *rama main*, asociada al código principal de nuestra aplicación, que queremos añadir el código de la *rama login*.

Queremos *fusionar* el código de *rama login* con el de la *rama main*. *¿Tenemos conflictos?* Vamos a comprobarlo. Podemos usar el comando llamado `git diff`, que nos sirve para comparar *ramas*. Si ejecutamos *git diff login*, estando en *main*, se nos mostrará que sí que hay

---

[1] https://mouredev.com/git-github-21

cambios en la *rama login*, tales como un nuevo archivo llamado *login.py* con un `print`. Estamos de acuerdo, y no existen *conflictos*, así que nos traemos los cambios *main* utilizando el comando `git merge login`.

Hecho esto, en la *rama main* ya tendremos un archivo llamado *login.py*, por lo que parece que ya se ha reintegrado el contenido de *login*. Con `git status` comprobaremos que el proceso es correcto.

Imaginemos que modificamos *login.py* estando ya en *main*, pero finalmente lo queremos descartar. Recuerda que podemos hacerlo con el comando `git checkout`. Al ejecutar `git checkout main` volveremos a dejar el archivo *login.py* como estaba en el último `commit`, en el momento en el que realizamos el `merge` y la reintegración de los cambios.

Capítulo 22: Eliminación de ramas

Comandos

```
1  git branch --delete <nombre_rama>
2  git branch -d <nombre_rama>
```

Conceptos

Introducción

Seguimos hablando de la importancia de las *ramas* en Git. En este caso, haciendo foco sobre qué hacer con una *rama* que ya se ha reintegrado y no la necesitamos más.

Eliminación

Una vez que se ha completado el trabajo en una *rama*, y se ha *fusionado* con otra, la *rama* ya no es necesaria y puede ser eliminada. Esto se puede hacer mediante el comando `git branch --delete` o `git branch -d`, seguido del nombre de la *rama* que se quiere borrar.

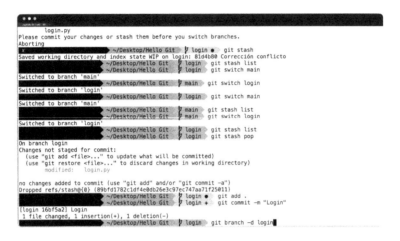

Al eliminar la *rama*, se eliminan las referencias a ésta, y se borra de la vista principal del proyecto. Sin embargo, los *commits* realizados en la *rama* aún existen en el historial de Git. Por lo tanto, si es necesario volver a trabajar en la *rama* eliminada, se pueden recuperar sus *commits* usando el ya conocido comando `git reflog`.

Recuperación

Para recuperar una *rama* eliminada, es necesario usar el identificador del `commit` al que se quiere regresar. Esto se puede hacer usando el comando `git checkout`, seguido del identificador del `commit`. Una vez que ya hemos vuelto a ese `commit`, podemos crear una nueva *rama* a partir de él y volver a trabajar en la funcionalidad de la *rama* eliminada.

Sin embargo, es importante tener en cuenta que, al realizar un `merge`, todos los *commits* de la *rama* que eliminaremos a futuro se integrarán en la otra *rama*. Debemos asegurarnos de que los cambios realizados en la *rama* que será eliminada son necesarios y están listos para ser reintegrados antes de realizar el `merge` y el futuro borrado.

Conclusión

Una vez que se ha completado el trabajo en una *rama*, se puede eliminar, y recuperar a futuro, si es necesario. Debemos tender a eliminar *ramas* siempre que ya no sirvan de utilidad o se haya reintegrado su contenido en otra *rama*.

Curso

Lección 22: mouredev.com/git-github-22[1]

Inicio: 02:16:26 | Duración: 00:06:01

Ahora que ya hemos finalizado nuestra supuesta funcionalidad de *login*, la *rama* en la que se trabajó ella ya no aporta nada. Hemos implementado y reintegrado el *login* en la *rama main* del proyecto, por lo que es el momento de eliminar la *rama login*. Para ello, utilizaremos el comando `git branch --delete login` o `git branch -d login`.

Al ejecutar el comando, nos indicará que la *rama* ha sido eliminada.

Las *ramas*, en general, representan trabajos temporales que en algún momento se *fusionarán* con otra *rama* y serán eliminadas. Al verificar con `git branch`, observaremos que solo queda la *rama main*.

---

[1] https://mouredev.com/git-github-22

Aunque la *rama* se ha eliminado, aún podemos acceder a sus *commits* usando `git reflog`. Este comando nos muestra los *commits*, *resets* y otros movimientos que hemos hecho en el *repositorio*. Si queremos movernos a un `commit` específico, usamos `git checkout`, seguido del identificador del `commit` (*hash*). Al verificar con `git tree`, observamos que, aunque la *rama* se ha eliminado, sigue existiendo una referencia a ella.

Resumiendo, al borrar una *rama*, la eliminamos de los *logs* principales y del flujo de nuestro proyecto, pero los *commits* seguirán existiendo. Podemos recuperar la *rama* si es necesario, volver a trabajar en ella, y realizar de nuevo un `merge`. Recordemos que, al realizar un `merge`, todos los *commits* de la *rama* eliminada se integrarán en la *rama* seleccionada.

Si intentamos usar `git switch` para movernos a la *rama* eliminada, Git nos indicará que es una referencia inválida. Aunque oficialmente no existe, extraoficialmente aún podemos acceder a ella mediante los identificadores asociados a su *commits*.

El concepto de *rama* es fundamental en Git. De una *rama* pueden salir más, pudiéndose crear y reintegrar desde diferentes puntos.

GITHUB

Sección dedicada al estudio de GitHub

Capítulo 23: Introducción a GitHub

Conceptos

Introducción

Hemos finalizado la primera parte del libro, dedicada únicamente a **Git**, por lo que nos toca dar el salto a **GitHub**.

> Si aún no tienes una cuenta en la plataforma, te pediré, antes de nada, que te registres de forma gratuita en la plataforma, accediendo a github.com[1]. Para hacerlo, solo necesitas proporcionar un correo electrónico, un nombre de usuario y una contraseña.

De nuevo, volvamos a aclararlo. **Git** y **GitHub** no son lo mismo. Git es un sistema de control de versiones, una herramienta que nos permite trabajar con nuestro código de manera segura.

No obstante, y hasta el momento, con Git hemos estado trabajando de manera *local*. Todo el flujo de trabajo que hemos visto hasta ahora lo llevamos a cabo en nuestra propia máquina.

---

[1] https://github.com

GitHub

GitHub es una plataforma de alojamiento de código que utiliza el sistema de control de versiones Git. GitHub nos permite subir nuestro código a un servidor *remoto* para que otras personas puedan interactuar con él. En otras palabras, GitHub nos facilita compartir nuestro código con más gente y mantener el versionado de este gracias a Git.

Con GitHub, varios colaboradores pueden trabajar en el mismo proyecto, encargándose Git de controlar el versionado de los archivos y las contribuciones de cada uno de los colaboradores. Además, GitHub proporciona herramientas adicionales, como seguimiento de problemas, integración continua, revisión de código y colaboración en proyectos de código abierto.

Cabe destacar que existen más plataformas similares, incluso la posibilidad de montar tu propio servidor *remoto* de Git, eso sí, GitHub es, con diferencia, la plataforma más utilizada, gozando de muy buena salud e incrementando su número de usuarios y funcionalidades cada día (actualmente cuenta con más de 100 millones de usuarios registrados).

Hablaremos de colaboración, aunque GitHub también será una herramienta igual de importante en proyectos individuales, ya que nos aporta la posibilidad de trabajar en la nube, entre otros muchos beneficios.

Pertenezcamos a un equipo, o desarrollemos de forma individual, GitHub puede ayudarnos.

Características

GitHub es una plataforma rica en características que nos permite gestionar nuestros proyectos de una manera eficiente. Algunas de las características más importantes de GitHub incluyen:

- *Repositorios*: en GitHub podemos crear *repositorios* para almacenar nuestro código. Los *repositorios* pueden ser *públicos* o *privados*, lo que significa que podemos compartir nuestro código con otros colaboradores o mantenerlo protegido.
- Control de versiones: GitHub utiliza el sistema de control de versiones Git para mantener el versionado de nuestro código, y para que varios colaboradores puedan trabajar en el mismo proyecto.
- Integración continua: GitHub nos permite integrar la construcción y las pruebas de nuestro código directamente en la plataforma, lo que nos ayuda a mantener un flujo de trabajo continuo y una mayor calidad en nuestro código.
- Revisión de código: GitHub nos permite revisar y comentar el código de nuestros colaboradores para mejorar la calidad del proyecto.
- Seguimiento de problemas: GitHub nos permite realizar un seguimiento de los problemas y errores de nuestro código y solucionarlos de manera eficiente.
- Colaboración en proyectos de código abierto: GitHub es una plataforma muy popular para alojar proyectos de código abierto, lo que significa que cualquiera puede contribuir a su evolución.

Y estas son solo algunas de sus características.

Beneficios

GitHub nos proporciona numerosos beneficios al trabajar manera *remota*. Algunos de los más importantes incluyen:

- Colaboración: GitHub nos permite colaborar con otros programadores de todo el mundo en proyectos de código abierto y proyectos privados.
- Control de versiones: Git y GitHub nos permiten mantener un control de versiones efectivo de nuestro código, lo que nos ayuda a evitar errores y conflictos.
- Eficiencia: GitHub nos proporciona herramientas para mejorar nuestra eficiencia, como integración continua, seguimiento de problemas y revisión de código.
- Almacenamiento en la nube: GitHub nos permite almacenar nuestro código en la nube, lo que significa que podemos acceder a él desde cualquier lugar o dispositivo.
- Comunidad: GitHub tiene una gran comunidad de programadores que contribuyen y comparten su conocimiento a diario.

Conclusión

GitHub es una plataforma muy útil para personas que se dedican al desarrollo de software y quieren trabajar en equipo o individualmente de manera *remota*. Proporciona una gran cantidad de herramientas para mejorar la eficiencia y la calidad de nuestro código, así como para colaborar con más gente. Además, su comunidad es una de las más activas del sector. En general, GitHub es una plataforma esencial para cualquier programador que quiera trabajar en proyectos de software de manera efectiva.

Curso

Lección 23: mouredev.com/git-github-23[2]
Inicio: 02:22:27 | Duración: 00:05:26

Por fin ha llegado el momento. Comienza la parte de **GitHub**. Para llevar a cabo esta parte del curso debemos tener creada una cuenta en la plataforma. Para hacerlo, solo necesitaremos un email, nombre de usuario y contraseña. Visitemos la web principal de GitHub (github.com[3]) y echémosle un vistazo, ya que nos proporciona un resumen muy claro de las características principales de GitHub.

---

[2]https://mouredev.com/git-github-23
[3]https://github.com

Ya lo hemos comentado, pero debemos aclarar de nuevo que Git y GitHub no son lo mismo. Git es un sistema de control de versiones, una herramienta que nos permite trabajar con nuestro código de manera segura. Hasta ahora, hemos visto cómo guardar versiones, tomar *fotografías* del código, desplazarnos por *ramas* y muchas cosas más. Eso era Git, el sistema de versionado.

No obstante, y hasta el momento, con Git hemos estado trabajando de manera *local*. Todo el flujo de trabajo que hemos visto hasta ahora se ha llevado a cabo en nuestro propio ordenador.

Dicho esto, *¿qué es GitHub?* GitHub es una plataforma que emplea Git en la nube, de forma *remota*. Nos permite subir nuestro código a un servidor *remoto* para que otras personas (o nosotros mismos) puedan interactuar con él desde cualquier parte. Nos facilita compartir nuestro código con más gente, y mantener su versionado gracias a Git. Dicho de otra forma, con GitHub como punto de encuentro, podemos trabajar en equipo de forma *remota* y guardar copias de seguridad de nuestros proyectos de software.

Esto implica que podemos tener nuestro proyecto en *local* trabajando con Git, y que otra persona, en cualquier parte del mundo, pueda estar haciendo lo mismo.

Podremos trabajar individualmente, y, en algún momento, subir nuestro código a GitHub, donde se unirán todos los cambios realizados por todos los colaboradores. Además, si nuestro ordenador falla, no hay problema, ya que todo está guardado en GitHub, junto al historial completo de cambios.

No debemos de preocuparnos si aún no entendemos perfectamente el concepto. A medida que avancemos en las lecciones, iremos comprendiendo mejor qué es GitHub y porqué se diferencia de Git.

> Una vez que tengamos creada la cuenta de usuario, quiero compartir un resumen de los comandos más importantes de Git. No son todos, pero sí los que usamos fundamentalmente a diario, y, por lo tanto, los que hemos estado viendo en este curso. Los encontraremos en training.github.com/downloads/es_ES/github-git-cheat-sheet[4].

---

[4]https://training.github.com/downloads/es_ES/github-git-cheat-sheet

En las siguientes clases nos enfocaremos en la característica principal de GitHub: *sincronizar* cambios. Esto significa no solo trabajar en *local*, sino también interactuar con *repositorios* de GitHub de manera *remota*.

Capítulo 24: Primeros pasos

Conceptos

Introducción

¿Ya has creado tu cuenta de usuario en GitHub? Es momento de adentrarnos en el mundo de la colaboración en proyectos de software.

En GitHub, los proyectos se *guardan* en *repositorios*, un concepto que ya conocemos. Un *repositorio* es un lugar donde se almacena todo el código de un proyecto, así como los archivos asociados a este. Podemos crear un *repositorio* para cualquier proyecto, ya sea personal o de equipo.

Público y privado

Los *repositorios* en GitHub pueden ser *públicos* o *privados*. Si creamos un *repositorio público*, cualquier persona podrá ver nuestro código y solicitar colaborar en él. Por el contrario, si creamos un *repositorio privado*, solo las personas que autoricemos podrán acceder al proyecto.

Curso

Lección 24: mouredev.com/git-github-24[1]
Inicio: 02:27:53 | Duración: 00:02:46

Ya tenemos nuestra nueva cuenta de usuario en GitHub. Empezaremos por entender diferentes conceptos, ya que, tal vez no tengamos claro por donde empezar.

No nos preocupemos por ello, por suerte, GitHub cuenta con muchísima documentación. Una de las mejores en el ámbito del desarrollo de software. Sinceramente, existe documentación para casi todo en español. Allí encontraremos respuestas a cualquier pregunta. Además, la documentación de GitHub también es una excelente fuente de información sobre Git. Podremos encontrar toda esta documentación en docs.github.com/es[2].

---

[1] https://mouredev.com/git-github-24
[2] https://docs.github.com/es

Comencemos hablando del concepto *repositorio* en GitHub, el directorio donde se guarda un proyecto que emplea Git. Igual que hasta el momento, pero en la nube. Un *repositorio* es un espacio reservado en nuestra cuenta de GitHub para trabajar con el código de un proyecto. Los *repositorios* pueden ser *públicos* o *privados*.

> Sin más, si entras en github.com/mouredev[3], podrás ver todos mis proyectos (*repositorios*) asociados a esa cuenta de GitHub.

Lo primero que nos puede llamar la atención, es que, al entrar en *https://github.com/<nombre_de_usuario>*, visualizaremos nuestra página principal de usuario de la plataforma.

---

[3] https://github.com/mouredev

Capítulo 25: Repositorio personal

Conceptos

Introducción

GitHub es una plataforma de alojamiento de código fuente y control de versiones basada en Git. La plataforma está diseñada para ayudar a los desarrolladores a colaborar en proyectos y mantener un historial de cambios en el código fuente. En este capítulo, aprenderemos a crear nuestro *repositorio* personal en GitHub desde cero, algo así como nuestra página principal de usuario dentro de la plataforma.

Usuario y perfil

Lo primero que debemos hacer es crear un usuario en GitHub. Hecho esto, iniciamos sesión y nos vamos directamente a nuestro perfil. Cuando entremos en él por primera vez, observaremos que está en blanco. Podemos agregar una foto, editar los diferentes datos y, en resumen, hacerlo un poco más atractivo. Recordemos que GitHub es una especie de red social para desarrolladores.

Para personalizar nuestro perfil, completemos los datos que consideremos relevantes. La página principal de nuestro GitHub será la que muestre información general y proyectos. En la plataforma, tendremos la sección *Overview* para visualizar la información general del usuario, *Repositories* para crear y gestionar *repositorios*, y opciones como *Projects*, *Packages*, y *Stars*, entre otras. Las *Stars* nos sirven para seleccionar como favoritos otros *repositorios*.

Exploración

En la parte superior de la página de inicio, encontraremos accesos a *Issues*, *Codespaces*, *Marketplace*, *Explore* y *Pull Requests*. Básicamente, en GitHub podemos trabajar con nuestro usuario y proyectos, o explorar el trabajo de otros usuarios. Para explorar, vayamos a la sección *Explore* en la parte superior. Allí veremos distintos proyectos destacados o tendencias. Por ejemplo, si vamos a *Trending*, encontraremos *repositorios* populares.

Repositorios

Cada *repositorio* tiene asociada una *URL* que habitualmente posee este formato: *https://github.com/<nombre_-usuario_u_organizacion>/<nombre_repositorio>*. Como ya hemos dicho, el *repositorio* es el lugar donde se almacena y gestiona todo el código de un proyecto.

El archivo *README.md* es un elemento muy importante en todos los *repositorios*. Este archivo sirve como documentación del proyecto, para que no solo visualicemos directorios y archivos con código. Principalmente nos ayuda a que no sea necesario leer todo el código para entender el propósito del proyecto. Dicho de otra forma, hace referencia a la documentación del proyecto.

Creación repositorio

Ahora que ya conocemos la estructura básica de GitHub, es hora de crear nuestro propio *repositorio* personal en la plataforma. Este *repositorio especial* permitirá definir nuestra página de inicio personal en GitHub. Para crear este tipo de repositorio, debemos darle un nombre y una descripción, y, en este caso, utilizar siempre nuestro nombre de usuario en GitHub.

Este *repositorio especial* se genera con un archivo *README.md* que inicialmente contiene un simple saludo. El *repositorio* llamado *<nombre_usuario>* se muestra en la página de inicio del perfil de GitHub. De ahí que este sea un *repositorio especial*. Visita *https://github.com/<nombre_usuario>* para acceder a nuestro *repositorio personal* o página de inicio en GitHub.

Exploración repositorio

Visualizaremos muchas opciones en la parte superior, como *Issues* (para incidencias abiertas), *Pull Requests* (para recibir propuestas de código que se integrará en nuestro *repositorio*), *Actions*, *Projects*, *Wiki*, *Security* y *Settings*. Lo más importante es que aquí veremos la lista de archivos que hemos subido, e incluso podremos editar su código directamente desde la plataforma.

Markdown

Si accedemos al código fuente del *README.md*, nos encontraremos con un tipo de escritura de tipo *Markdown*, un lenguaje de marcado ligero para dar formato al texto. *Markdown* es útil para crear documentos legibles y estructurados con facilidad, y muy utilizado en GitHub para la documentación de proyectos.

En *Markdown*, podemos dar formato al texto utilizando combinaciones de caracteres. Por ejemplo, los encabezados se representan con almohadilla *(#)* y el texto en negrita se representa con dos asteriscos *(**)*. Incluso GitHub tiene su propia guía de *Markdown*, donde se muestra cómo aplicar diferentes formatos al texto, negrita, cursiva, listas y otras opciones.

Además de los formatos básicos de texto, en *Markdown* también podemos agregar código *HTML*, lo que significa que tendremos la posibilidad de combinar diferentes elementos para dar formato al texto, como imágenes, enlaces y tablas. Aprender a usar *Markdown* es simple. Esencial para crear documentos bien estructurados y legibles de manera fácil y rápida.

Conclusión

Hemos aprendido a crear nuestro *repositorio* personal en GitHub, nuestra página principal en la plataforma. También hemos visto cómo personalizarlo, así como la importancia de tener presente los archivos de *Markdown* para documentar nuestro proyecto.

Ahora que hemos creado nuestro *repositorio* personal, es importante que sigamos aprendiendo a crear y administrar nuestros *repositorios*, cómo contribuir en ellos, y cómo utilizar Git para mantener un control de versiones y cambios de manera *remota*. Esto nos ayudará a sacar el máximo provecho a esta plataforma.

Curso

Lección 25: mouredev.com/git-github-25[1]

Inicio: 02:30:39 | Duración: 00:12:01

Vamos a crear nuestro *repositorio* personal en GitHub desde cero. Nuestra página principal.

Una vez que tengamos una cuenta en la plataforma, GitHub nos sugerirá crear un *repositorio* como primer paso.

En nuestro caso, lo primero que podemos hacer es agregar una foto, editar el perfil y volverlo un poco más atractivo. Para personalizar nuestro perfil, completemos los datos que consideremos relevantes. Recordemos, GitHub es nuestra red social.

La página principal de nuestro GitHub será la que muestre información y proyectos a otros usuarios. A continuación, vamos comenzar a entender qué es GitHub y qué cosas podremos hacer desde la plataforma.

---

[1] https://mouredev.com/git-github-25

Busquemos la sección *Overview* para visualizar nuestro usuario, *Repositories* para crear y gestionar *repositorios*, y también otras opciones como *Projects*, *Packages* o *Stars*.

En la parte superior, encontraremos accesos a *Issues*, *Codespaces*, *Marketplace*, *Explore* y *Pull Requests*. Veremos alguna de estas opciones más adelante. Básicamente, en GitHub podemos trabajar con nuestro usuario, o explorar los proyectos de otros miembros de la plataforma.

Para comenzar a explorar, dirijámonos a la sección *Explore* en la parte superior. Allí veremos distintos proyectos destacados o tendencias. Por ejemplo, si vamos a *Trending*, encontraremos *repositorios* populares. Hablamos de proyectos muy conocidos, por ejemplo, *Visual Studio Code*, el editor de código es un proyecto *open source*, y todo su código fuente está disponible en su correspondiente *repositorio* en GitHub. Gracias a esto, la comunidad puede revisarlo e interactuar con él, sugiriendo cambios, reportando errores o colaborando en mejoras.

Pensemos en la importancia de esto, un *repositorio* de una herramienta a nivel mundial se encuentra al alcance de cualquier persona. Y como este ejemplo, existen miles.

Cada *repositorio* posee una *URL* que suele tener el formato *https://github.com/<nombre_usuario_u_organizacion>/<nombre_repositorio>*. Como ya hemos dicho, el *repositorio* es el lugar donde se almacena y gestiona todo el código de un proyecto.

Ahora que ya conocemos la estructura básica de GitHub, vamos a continuar aprendiendo sobre cómo crear y administrar nuestros *repositorios*, cómo contribuir a otros proyectos, y cómo utilizar Git para mantener un historial de cambios en cada uno de ellos. Esto nos ayudará a sacar el máximo provecho de esta plataforma.

Comencemos por el concepto de *repositorio*, el directorio de nuestro proyecto. Sin más, uno de los *repositorios* de GitHub es el asociado a este curso: github.com/mouredev/hello-git[2].

> Valoremos hacer *Star* en los *repositorios* que deseemos apoyar y añadir a favoritos. Existe una sección para acceder a ellos rápidamente. El mecanismo de *Star* es una manera muy simple de ayudar, valorando así el trabajo de las personas que están detrás del proyecto.

Un *repositorio* es como un contenedor, similar a una carpeta en tu equipo, donde almacenas el código de un proyecto que trabaja con Git. Esta representación existirá de la misma manera en GitHub.

Hablando de *repositorios*, uno muy importante en GitHub es el asociado a la página principal de nuestro perfil. Si no hemos creado uno, la página principal de nuestro usuario estará vacía.

---

[2]https://github.com/mouredev/hello-git

El primer concepto que veremos en profundidad estará asociado a crear un *repositorio* para trabajar con Git y GitHub. Hay dos formas de hacerlo: Podemos crear un proyecto con Git en nuestra máquina y luego subirlo a GitHub, o crear directamente un proyecto en GitHub que trabaje con Git. Dependiendo del estado del proyecto, podemos crear el *repositorio* en GitHub, descargarlo, trabajar con él y *sincronizar* los cambios en la nube. En este primer ejemplo, aprenderemos a crear un proyecto directamente en GitHub. Concretamente, el *repositorio* personal asociado a nuestro usuario en la plataforma.

Para crear este tipo de *repositorio*, debemos asignarle un nombre (obligatorio) y una descripción (opcional). Para el nombre utilizaremos exactamente el de nuestro usuario de GitHub. Este *repositorio especial* permitirá crear nuestra página de inicio personal en GitHub. Por ejemplo, si entras en *https://github.com/<nombre_usuario>*, accederemos a nuestro *repositorio* personal, o página de inicio dentro de GitHub.

Al crear un *repositorio*, podemos seleccionar si será

público o *privado*. Ya hemos comentado que los *repositorios privados* solo pueden ser vistos por miembros del equipo con permisos de acceso, mientras que los *públicos* serán visibles para todo el mundo.

Un elemento muy importante en todos los *repositorios* es el archivo *README.md*. Este archivo sirve como documentación del proyecto. Por ejemplo, en el *repositorio* de este curso (github.com/mouredev/hello-git[3]), el archivo *README.md* contiene toda la información sobre él. Es recomendable agregar siempre un archivo *README.md* a nuestros *repositorios*.

También podemos poseer un archivo *README.md* en nuestra máquina *local* y subirlo a GitHub (ya veremos cómo), pero es importante tenerlo de alguna forma.

También estudiamos en su momento el archivo *.gitignore*, que podríamos agregar directamente durante la creación del *repositorio* en GitHub, aunque en este caso no lo haremos. Por último, están las licencias. GitHub es conocido por alojar código de proyectos de código abierto en muchos casos. Sin embargo, el código abierto puede tener asociado reglas para su uso y distribución. Para ello, existen diferentes licencias de código, una manera de establecer límites a la hora de utilizar un proyecto ajeno. Durante la creación del *repositorio* también podemos seleccionar una.

Tanto el *README.md*, como el *.gitignore* o las licencias, no dejan de ser archivos de nuestro proyecto. Aunque funciona de manera especial podemos crearlos y asociarlos al proyecto en cualquier momento, no solo durante la creación del *repositorio* en GitHub o en nuestra máquina *local*.

---

[3]https://github.com/mouredev/hello-git

Como hemos comentado, en este caso no seleccionaremos ninguna licencia, ya que es solo un proyecto de prueba. Al final, simplemente crearemos el *repositorio*. Dicho *repositorio* personal se inicializará con un archivo *README.md* que contiene un simple texto. Ahora que ya hemos finalizado este proceso, podemos visitar *https://github.com/<nombre_usuario>*. Observaremos que la página muestra el contenido del *README.md* inicial. Como el *repositorio* tiene el mismo nombre que nuestro usuario, se asocia a la página de inicio del perfil de GitHub. De ahí que este sea un *repositorio especial* y muy útil.

Ahora que ya tenemos un *repositorio* con nuestro nombre de usuario, podríamos darle una *Star* para agregarlo a favoritos. Si vamos a la sección con ese mismo nombre, aparecerán los *repositorios* seleccionados.

Volvamos al *repositorio* y comenzaremos a explorar lo que GitHub nos muestra. Obviamente, tenemos el archivo creado *README.md*, así como otras funcionalidades que iremos descubriendo a medida que trabajemos con la plataforma.

Dispondremos de muchas opciones en la parte superior, como *Issues* (para incidencias abiertas), *Pull Requests* (para recibir código que se integrará en nuestro repositorio), *Actions*, *Projects*, *Wiki*, *Security* y *Settings*. Principalmente visualizaremos la lista de archivos que tiene asociado el proyecto, pudiendo incluso editarlos directamente desde GitHub.

Si consultamos el código fuente del *README.md*, nos encontraremos con un tipo de escritura de tipo *Markdown*, un lenguaje de marcado para dar formato al texto. Le dedicaremos un capítulo a hablar un poco sobre *Markdown*.

Markdown, básicamente, es una forma de escribir texto enriquecido utilizando combinaciones de caracteres. Hasta GitHub tiene su propia guía de *Markdown*, donde se muestra cómo aplicar diferentes formatos al texto.

En *Markdown*, también podemos agregar código *HTML*. A pesar de ello, aprender a usar *Markdown* resulta bastante simple.

> Si quieres ver cómo creé mi plantilla, puedes visitar mi *repositorio público* en GitHub. Simplemente accede a github.com/mouredev[4]. Allí podremos consultar todo el código *Markdown* que utilicé para dar formato al texto. Si te gusta algo, no dudes utilizarlo en tu perfil. Recuerda que GitHub está diseñado para colaborar, compartir nuestro código y aprender de los demás.

---

[4] https://github.com/mouredev

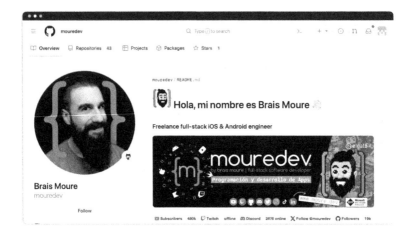

Capítulo 26: Local y remoto

Conceptos

Introducción

En este capítulo, vamos a comenzar a entender cómo podremos utilizar Git y GitHub para *sincronizar* los cambios en un proyecto de software.

Remoto

Hasta el momento, únicamente hemos visto a Git funcionando en un entorno *local*, pero, *¿y si ahora queremos integrarlo con GitHub?* Para ello necesitamos que el proyecto se encuentre un servidor *remoto*. De esta forma siempre trabajaremos *sincronizados* con un punto de unión, GitHub.

Interacción

Una vez el proyecto se encuentre *sincronizado* con GitHub, y varias personas trabajen en él, este nos informará de todas las interacciones de los desarrolladores con el sistema de control de versiones y la plataforma. Tendremos que poner nuestro código en común y *sincronizar* los cambios para continuar desarrollando e interactuando con Git.

GitHub será el punto de unión entre ambos desarrolladores. Como todo está en el servidor, no hay problemas. Esto es para lo que existe GitHub: para trabajar de forma colaborativa y disponer del código del proyecto cuando y donde queramos.

Local

Tanto si trabajamos de manera individual como en equipo, GitHub nos aporta mucho valor. Eso sí, nuestro flujo de trabajo en *local* con Git seguirá siendo muy parecido al que ya conocíamos antes de comenzar a hablar de GitHub.

Curso

Lección 26: mouredev.com/git-github-26[1]
Inicio: 02:42:40 | Duración: 00:04:52

Vamos a aprender a *sincronizar* los cambios en Git con GitHub. Para ello, lo primero que tenemos que hacer es configurar la integración de nuestro proyecto de Git con GitHub.

En la terminal, abrimos el proyecto con el que hemos estado trabajando en Git durante el curso, recordemos que se llamaba *Hello Git*. Entraremos al proyecto y ejecutaremos `git log`. Recordemos que, a lo largo del curso, hemos estado haciendo diferentes acciones con

---

[1] https://mouredev.com/git-github-26

nuestro código relacionadas con el flujo de trabajo con Git.

En este proyecto hemos trabajado con diferentes archivos, siempre ayudados por el sistema de control de versiones Git, para así permitirnos rastrear todo el recorrido y evolución del código a través del tiempo.

Pero, *¿qué pasa si ahora queremos trabajar con él desde GitHub?* Por ejemplo, si queremos que otra persona participe en este proyecto, o que nosotros mismos tengamos diferentes ordenadores desde los que realicemos el proceso de desarrollo. Para ello, necesitamos subir nuestro proyecto a un servidor común, para poder seguir utilizando Git en *local* y *sincronizar* los cambios desde un único punto de unión.

Imaginemos que nos encontramos tú y yo trabajando en un mismo proyecto. *¿Cuál sería la forma de interactuar?* No podemos simplemente pasarnos un *.zip* con lo que hemos hecho, como decíamos al principio del curso. Necesitamos trabajar con una única fuente de verdad. *¿Cuál será el punto común?* Ya sabemos la respuesta, GitHub.

Sigamos con el supuesto. Yo me encuentro trabajando en el proyecto, y subo el código a GitHub. Tú quieres hacer lo mismo. En el momento que lo intentes, GitHub te informará que yo ya había subido algún cambio a nuestro proyecto común. Sabido esto, tendremos que poner nuestro código en común, *sincronizando* ambos cambios.

Una vez que nos hemos puesto de acuerdo, y subido todos los cambios a la plataforma, yo podría indicarle a GitHub que descargue de nuevo el contenido actualizado del proyecto en *local*, en los que se incluye también tu código. Lo mismo en tu caso. Así, GitHub será el punto de unión entre ambos desarrolladores. Como todo está en el servidor, no hay problemas. Esto es para lo que existe GitHub: para trabajar de forma colaborativa y disponer del código bajo cualquier circunstancia.

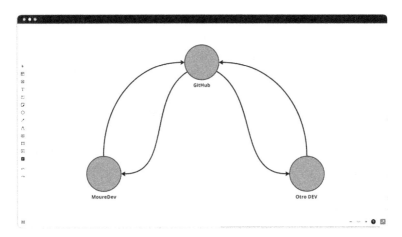

Pero, *¿qué pasa si trabajamos de manera individual en lugar de en equipo?* GitHub será igual de potente. Imaginemos que por error borramos parte del código, incluso que afectamos a nuestro control de versiones *local* con Git. No pasa nada, ya que hemos estado sincronizando nuestro código con el servidor *remoto*. Por otra parte, si cambiamos de máquina, o tenemos más de una, simplemente descargamos el contenido del *repositorio* y continuamos desarrollando.

Muy simplificado, en GitHub, lo único que existe es otro ordenador en el que vamos dejando nuestro código como punto de reunión. Todo ese historial de Git que hemos visto hasta ahora también lo tendremos en GitHub, permitiéndonos trabajar de forma colaborativa o individual, pero siempre de manera sincronizada y segura.

Capítulo 27: Autenticación SSH

Conceptos

Introducción

Vamos a aprender cómo conectar nuestro equipo a GitHub mediante el uso de **SSH**. *SSH* es un protocolo de autenticación basado en una clave *privada* y una clave *pública* que permite mantener conexiones seguras de entre dos sistemas, en este caso, desde nuestra máquina *local* y el servidor *remoto* de GitHub.

Autenticación

Una vez que tenemos un *repositorio* creado en GitHub, el siguiente paso es autenticar nuestro equipo dentro la plataforma. Para hacerlo, tendremos que utilizar la terminal y seguir las instrucciones indicadas en la sección de la documentación de GitHub destinada al proceso de autenticación. Esta sección nos mostrará cómo conectar nuestro equipo a GitHub, y cómo agregar un factor de doble autenticación para proteger nuestra cuenta de usuario, entre muchas otras cosas.

En este capítulo es muy importante que tengamos en cuenta la documentación oficial de GitHub sobre autenticación, así como el apartado dedicado al curso: docs.github.com/es/authentication[1]

Generación

Para conectarnos a GitHub mediante *SSH*, tendremos que configurar la clave *privada* y *pública* en nuestro equipo. La documentación de GitHub nos proporciona información detallada sobre cómo hacerlo paso a paso. En resumen, necesitaremos generar una nueva clave *SSH*, y lograr que el sistema las reconozca.

Documentación: docs.github.com/es/authentication[2]

Incorporación

Una vez que tenemos la clave *SSH* generada en nuestro equipo, el siguiente paso es agregarla a nuestra cuenta de usuario en GitHub. Esto permitirá que el equipo se autentique automáticamente dentro de la plataforma cada vez que accedemos a los *repositorios*. Para hacerlo, tendremos que dirigirnos a la sección *SSH y GPG keys*, en la configuración de nuestra cuenta de usuario, y agregar la clave pública generada previamente.

Documentación: docs.github.com/es/authentication[3]

---

[1] https://docs.github.com/es/authentication
[2] https://docs.github.com/es/authentication/connecting-to-github-with-ssh/generating-a-new-ssh-key-and-adding-it-to-the-ssh-agent
[3] https://docs.github.com/es/authentication/connecting-to-github-with-ssh/adding-a-new-ssh-key-to-your-github-account

Verificación

Una vez hayamos seguido todos los pasos anteriores, podremos comprobar si nuestro equipo está correctamente conectado a GitHub mediante *SSH*. De nuevo, recordar que la documentación de GitHub nos proporciona información detallada sobre cómo hacerlo. Una vez que se haya establecido la conexión, podremos empezar a trabajar con nuestros *repositorios* de GitHub desde el equipo *local*.

Documentación: docs.github.com/es/authentication[4]

Conclusión

Conectar nuestro equipo a GitHub mediante *SSH* puede parecer un proceso complejo, pero siguiendo las instrucciones detalladas en la documentación oficial podremos hacerlo fácilmente. Una vez se haya establecido la conexión, comenzaremos a utilizar todas las herramientas de colaboración que ofrece GitHub.

Curso

Lección 27: mouredev.com/git-github-27[5]
Inicio: 02:47:32 | Duración: 00:13:13

Nos seguimos aproximando a la gran pregunta, *¿cómo hacemos para subir nuestro código e interactuar con*

---

[4]https://docs.github.com/es/authentication/connecting-to-github-with-ssh/testing-your-ssh-connection
[5]https://mouredev.com/git-github-27

GitHub? Aquí es donde se complica un poco el proceso, pero, no nos preocupemos, las guías de GitHub son geniales.

Si vamos a la sección de inicio rápido (docs.github.com/es/get-started/quickstart[6]), se nos explicará cómo dar nuestros primeros pasos en la plataforma. Veremos muchas opciones para crear *repositorios*, configurar Git, bifurcar, administrar archivos, etc.

En esta lección, lo más importante es buscar información sobre cómo conectar nuestro equipo y autenticarlo en GitHub. Este proceso se hará principalmente desde la terminal, aunque también existen herramientas gráficas. Por ahora, nos seguiremos enfocando en la consola.

Existe una sección sobre autenticación con GitHub (docs.github.com/es/authentication[7]), que nos ayudará a entender perfectamente cómo conectar nuestro equipo a GitHub. Existen diferentes maneras de conseguirlo, pero conectarnos mediante *SSH* es una de las mejores opciones. También es muy recomendable agregar un factor de doble autenticación a nuestra cuenta de GitHub.

---

[6]https://docs.github.com/es/get-started/quickstart
[7]https://docs.github.com/es/authentication

Sigamos. Nos enfocaremos en la seguridad, y en cómo configurar nuestra clave *SSH*. *SSH* es un protocolo de autenticación basado en una clave *privada* y una clave *pública*. No nos preocupemos, seguiremos el tutorial de GitHub paso a paso. De alguna forma, necesitamos establecer unas credenciales que GitHub reconozca, para que, cuando intentemos interactuar con él desde nuestro ordenador, determine que somos usuarios autorizados y autorizados a realizar según qué operaciones en la plataforma y sus *repositorios*.

Pero antes, exploremos más sobre *SSH*. Lo primero que nos sugiere el tutorial oficial (docs.github.com/es/authentication[8]), sección *Conexión con SSH*, es verificar si ya tenemos claves *SSH* creadas en nuestro equipo, y nos muestra cómo listarlas. Si buscamos en la raíz de nuestro disco, dependiendo del sistema operativo, deberíamos encontrar una carpeta oculta llamada *.ssh*.

Nos ubicaremos en el directorio donde deberían estar las claves *SSH*, aunque se pueden crear en cualquier lugar y

---

[8]https://docs.github.com/es/authentication

moverlas a otro sitio específico. A pesar de ello, la buena práctica suele ser tenerlas en un directorio llamado *.ssh*.

Puede que ya tengamos alguna clave *SSH* si esta se ha creado por defecto en el equipo, o si ya hemos pasado anteriormente por este proceso, de lo contrario, podemos generar dicha clave *SSH* desde cero. Esto último, básicamente consiste en ejecutar ciertos comandos.

> Revisa el primer comando nos dice el tutorial oficial. Recuerda que existen variaciones según el sistema operativo: docs.github.com/es/authentication/connecting-to-github-with-ssh/generating-a-new-ssh-key-and-adding-it-to-the-ssh-agent[9]. De nuevo, te recomiendo encarecidamente que para este proceso sigas la guía oficial, ya que contará con mucha más información paso a paso.

Se nos indicará que lancemos un comando y agreguemos nuestro correo electrónico. Al finalizar toda su ejecución, nos informará de que se ha creado una clave *pública* y una clave *privada*.

Durante el proceso, la guía oficial nos pedirá que asignemos un nombre al archivo de la clave. GitHub nos indica que existen diferentes nombres habituales, pero no nos vamos a complicar mucho. Vamos a llamarle *id_rsa*, sin más. En realidad, podemos asignarle el nombre que queramos.

Establecemos un nombre, y nos pide que ingresemos una contraseña (*passphrase*). Podemos agregarla o dejarla en

---

[9]https://docs.github.com/es/authentication/connecting-to-github-with-ssh/generating-a-new-ssh-key-and-adding-it-to-the-ssh-agent

blanco (tengamos siempre en cuenta la importancia de la seguridad). Hacemos un *Enter* y repetimos el proceso. Ya hemos generado nuestra clave *SSH*.

En el directorio seleccionado veremos lo siguiente: *id_rsa* e *id_rsa.pub*. Para GitHub, necesitaremos el archivo *.pub* (*público*). Si no entendemos perfectamente qué es *SSH*, decirte que no es necesario que lo comprendamos al 100%, pero sí debemos buscar información para entender sus fundamentos. Trabajar con claves *privadas* y *públicas* es muy común en programación.

El mecanismo es el siguiente: Dada una clave *privada*, que únicamente nosotros poseemos, y una clave *pública*, que podríamos compartir, cuando estas claves se comparan y se combinan de una manera muy concreta, pueden determinar si la clave *pública* está asociada a la clave *privada*.

Ya tenemos nuestra clave. Veamos qué más nos dice el tutorial oficial. Lo siguiente que nos indica es que debemos iniciar el agente *SSH* en segundo plano, una forma de comprobar si el proceso está operativo. Hecho eso, nos dirá que ya tenemos un ID, es decir, ya poseemos una clave *SSH* en nuestro sistema.

Lo siguiente que nos indica es abrir el archivo de configuración. Si no tenemos un archivo de configuración para *SSH*, debemos crearlo. *¿Cómo lo hacemos?* Con el comando touch desde la terminal, por ejemplo. Si preferimos crearlo manualmente desde el sistema de archivos, también podemos hacerlo. Hecho esto, nos pide que agreguemos cierta información al archivo. Copiamos todo lo que figura en la documentación oficial, lo pegamos y lo guardamos.

¿Qué debemos poner en IdentityFile? Aquí deberíamos ingresar el nombre del archivo de nuestra clave, en nuestro caso, *id_rsa*. Vemos algunas cosas más, como un *Host* que es el del propio GitHub. Básicamente, este archivo de configuración nos sirve para preparar nuestra clave y conectarnos a GitHub. En la documentación oficial nos lo explica todo.

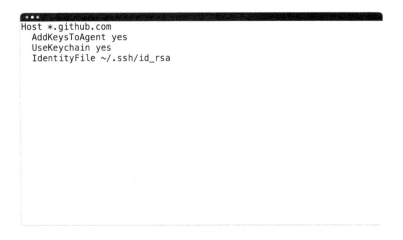

```
Host *.github.com
  AddKeysToAgent yes
  UseKeychain yes
  IdentityFile ~/.ssh/id_rsa
```

Lo último que nos pide es agregar esta clave a nuestro sistema de almacenamiento y gestión de claves. En la documentación encontrarás información para conseguirlo en *Windows*, *Mac* y *Linux*. Únicamente existen ligeras variaciones. Simplemente seguiremos los pasos para lograr añadir nuestra clave *id_rsa*.

Realizada la acción, el sistema nos dirá algo así como *identidad añadida*. Finalmente hemos asociado la clave *SSH* a nuestro llavero para que el sistema la reconozca. Es algo así como ocurre con los certificados digitales, que debemos instalar en nuestro equipo para que el sistema sepa que podemos utilizar ese método de autenticación. Eso es precisamente lo que acabamos de hacer con la clave *SSH*.

Ahora que ya tenemos la clave creada y almacenada en nuestro equipo, es momento de dirigirnos a GitHub. Dentro de nuestro usuario, en *Settings*, encontraremos muchas opciones para configurarlo. Existe una sección que dice *SSH and GPG keys*. Vayamos allí.

Tenemos dos formas de gestionar claves. Existen incluso *tokens* de usuario para crear una clave conocida por nosotros y por GitHub, como una contraseña. Pero, si vamos a trabajar siempre desde la misma máquina, lo mejor es hacerlo como estamos indicando en esta lección. Así, no tendremos que volver a introducir claves, y nuestra máquina *local* estará vinculada a la máquina *remota* de GitHub, haciendo todo mucho más automático y simple. No importa si trabajamos con un proyecto o varios, máquina y plataforma estarán vinculadas.

Dentro de la sección anterior, presionamos *New SSH Key* para agregar una nueva clave de autenticación *SSH*. Pudiendo también asignarle un nombre.

En nuestro equipo, abrimos la clave pública *id_rsa.pub*

con un editor de texto o cualquier otro programa. La copiamos, la pegamos en GitHub, y hacemos clic en *Add*.

Así tendremos una clave *SSH* vinculada a nuestra cuenta de usuario de GitHub. Si queremos agregar más claves, porque tenemos más dispositivos o usuarios, podremos hacerlo sin problema. Ya está casi todo listo. Volvamos a la guía oficial.

Esta nos indica que añadamos la clave *SSH* a GitHub, lo cual ya hemos hecho. Lo último será probar si realmente podemos conectarnos desde nuestra máquina a GitHub. *¿Cómo hacemos esto?* Con otra nueva instrucción. Una vez la lanzamos, nos dice que no se puede establecer la conexión, ya que primero debemos agregarla y aceptarla. La agregamos como nos indica.

Volvemos a ejecutar el comando, y ahora nos dice: *¡Hola, ! Te has autenticado correctamente, pero GitHub no proporciona acceso a la shell*. Aunque no lo parezca, este mensaje indica que la conexión ha sido exitosa.

Gracias a que tenemos la clave *privada* en nuestra

máquina *local*, y la clave *pública* en GitHub, hemos podido establecer una conexión con GitHub. También hemos añadido GitHub como un *host* conocido en nuestro archivo de configuración. En ese archivo, especificamos nuestro nombre de usuario, la clave *SSH* y otros detalles.

Por ahora, esto es todo lo que deberíamos hacer para conectarnos a GitHub. Aunque la guía menciona algunos apartados adicionales sobre contraseñas intermedias y otros detalles, no necesitamos preocuparnos por ello. Con esta conexión establecida, podremos comenzar a trabajar con nuestros *repositorios* de GitHub desde nuestra máquina *local*, utilizando Git para gestionar cambios y colaborar con otros desarrolladores.

Siento la complejidad de este capítulo, de nuevo, recuerda que en la documentación oficial tenemos todo al detalle, y que este proceso lo llevaremos a cabo una única vez.

Capítulo 28: Repositorio proyecto

Conceptos

Introducción

En este capítulo, hablaremos sobre cómo crear un nuevo *repositorio* en GitHub asociado a nuestro proyecto de software.

Creación

Primeramente, es importante entender que un *repositorio* es un lugar donde se almacena todo el código fuente y los archivos de un proyecto. En Git, un *repositorio* se utiliza para llevar un seguimiento de la evolución del proyecto a lo largo del tiempo, lo que facilita la colaboración y el trabajo en equipo. GitHub es una plataforma que permite alojar y compartir *repositorios* de Git en línea.

Ya hemos creado un *repositorio* en GitHub para nuestra página personal, ahora será el momento de crear uno nuevo para nuestro proyecto de software. Para hacerlo, nos dirigimos a nuestra página principal en GitHub, y hacemos clic en la opción *Repositories*. A continuación, pulsamos en el botón verde *New* para crear uno.

En la página de creación de *repositorios*, podremos asignarle un nombre y una descripción.

En la sección *Initialize this repository with (inicializar este repositorio con)*, podemos optar por crear un *repositorio* vacío, o agregar archivos *README.md* o *.gitignore*, como ya hemos visto anteriormente. Si elegimos crear un *repositorio* vacío, tendremos que agregar archivos y código manualmente más tarde.

Una vez hemos creado el nuevo *repositorio*, tendremos acceso a una *URL* única, que podemos compartir con otros colaboradores para que se unan al proyecto.

Conclusión

Con este nuevo *repositorio* de GitHub en marcha, estamos listos para aprender nuevos comandos y funciones relacionadas con Git y GitHub. A partir de ahora, no solo estaremos trabajando en nuestro proyecto a nivel *local*, sino que también podremos hacerlo en línea.

Curso

Lección 28: mouredev.com/git-github-28[1]
Inicio: 03:00:45 | Duración: 00:01:44

Volvamos a hablar de *repositorios*. Ya hemos creado anteriormente uno con nuestro nombre de usuario, encargado de representar la página personal.

Ya que el primer *repositorio* se comporta de una manera un tanto especial, vamos a crear otro. Nos dirigimos

---

[1] https://mouredev.com/git-github-28

a nuestra página principal en GitHub, sección de *repositorios*, y creamos uno nuevo. Este será el *repositorio* asociado al proyecto con el que hemos trabajado hasta el momento en *local*. Podemos llamarle incluso *Hello Git*.

Lo marcamos como *público*, y no creamos ni un *README.md* ni un *.gitignore*. Sencillamente, creamos un *repositorio* en blanco.

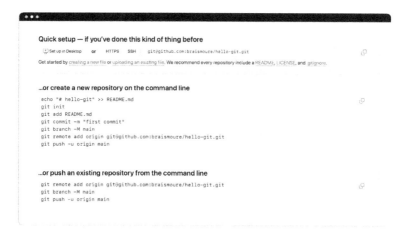

Estamos preparados para aprender nuevos comandos relacionados con Git y GitHub. Ya no únicamente a nivel *local*, como hasta el momento.

Capítulo 29: Git en remoto $git remote

Comandos

```
1  git remote add origin git@github.com:<usuario_githu\
2  b>/<nombre_repositorio>.git
3  git push -u origin <rama_principal>
```

Conceptos

Introducción

Cuando trabajamos con Git, es importante comprender cómo podemos subir nuestro código *local* al *repositorio remoto* en GitHub. Para hacerlo, tendremos que comenzar utilizando el comando de Git llamado `remote`. Este comando nos permite establecer una conexión entre nuestro *repositorio local* y el *repositorio remoto* creado en GitHub.

Configuración

Para establecer esta conexión, ejecutamos el comando `git remote add origin git@github.com:<usuario_-github>/<nombre_repositorio>.git` desde la raíz de nuestro proyecto *local*. Este comando añade una referencia *remota* llamada *origin* asociada a nuestro usuario de GitHub, y al *repositorio* que hemos creado.

Una vez que hemos establecido la conexión, podemos subir nuestro código *local* al *repositorio remoto* en GitHub utilizando el comando `git push`. Al hacerlo, Git nos pedirá más información sobre a qué *repositorio remoto* y a qué *rama* queremos hacer dicho `push`.

Es importante tener en cuenta que la primera vez que subimos nuestro código al *repositorio remoto*, debemos utilizar el comando completo `git push -u origin <rama_principal>`. Hacemos esto para establecer la configuración de `push` predeterminada para nuestro *repositorio*.

El parámetro *-u* en el comando `git push -u origin <rama_principal>` establece una configuración predeterminada para el comando `git push`. En particular, establece que el *repositorio remoto origin* y el nombre de la rama destino predeterminada para futuros comandos `git push`.

Es importante recalcar que el parámetro –u solo se utiliza la primera vez que subimos nuestro código al *repositorio remoto* en GitHub.

Una vez que hemos subido nuestro código al *repositorio remoto*, cualquier persona con acceso este, y con los permisos correspondientes, podrá descargar el código y comenzar a colaborar en el proyecto utilizando el flujo de trabajo de Git y GitHub.

> En otro capítulo, estudiaremos detenidamente el comando `git push` y lo pondremos en práctica con un ejemplo.

Conclusión

Subir nuestro código *local* al *repositorio remoto* en GitHub es un proceso esencial para trabajar con Git y GitHub. Con el comando `remote` y `push` de Git, podemos establecer la conexión entre nuestro *repositorio local* y el *repositorio remoto* en GitHub, lo que nos permitirá trabajar de manera colaborativa y en línea.

Curso

Lección 29: mouredev.com/git-github-29[1]

Inicio: 03:02:29 | Duración: 00:04:50

Vamos a intentar subir todo nuestro código *local* a GitHub, teniendo en cuenta por primera vez el comando de Git llamado `remote`. Git está diseñado para trabajar en *local* y también de forma *remota*, siendo esta última nuestra fuente de verdad, el servidor de GitHub.

En la raíz de nuestro proyecto *local*, *Hola Git*, ejecutaremos esta instrucción: `git remote add origin git@github.com:<usuario_github>/<nombre_-repositorio>.git`. De esta manera, Git añadirá una referencia *remota* llamada *origin* asociada a nuestro usuario de GitHub, específicamente en el *repositorio* que hemos creado.

Debes utilizar la URL del repositorio que has creado.

[1] https://mouredev.com/git-github-29

```
~  cd /Users/braismoure/Desktop/Hello\ Git
~/Desktop/Hello Git   login  code .
~/Desktop/Hello Git   login  git tree
~/Desktop/Hello Git   login  git remote add origin git@github.com:braismoure/hell
o-git.git
```

Nuestro proyecto, que solo estaba funcionando en *local*, se ha vinculado con el *repositorio* que creamos en la lección anterior desde GitHub.

Introducido el concepto de *remoto, ¿cómo podemos subir todo lo que tenemos en Git, en el repositorio local, a GitHub?* Ya le hemos indicado con qué *repositorio* de GitHub está vinculado.

Toca introducir el siguiente comando esencial, y de uso diario, que forma parte del flujo de Git. Recordemos que hasta ahora hacíamos git status, git add y git commit para realizar una *fotografía* de nuestro proyecto. Lo que queremos ahora es pasar todo aquello que guardamos en *local* al *repositorio remoto* de GitHub.

En el proyecto ejecutaremos git push, un nuevo comando asociado a enviar nuestros *commits* pendientes al *repositorio remoto*. Si es la primera vez que lo hacemos en el proyecto se nos avisará de que probablemente nos falta algo. Algo así como: *¿a dónde quieres hacer el push?, dame algún dato más*. Recordamos que el punto asociado donde nos encontramos se llamaba *origin*. Intentemos pues con `git push origin`, el *repositorio* de origen con el que queremos interactuar, en este caso, el *repositorio* de origen *remoto*.

Y, ¿a *dónde queremos hacer el* `push`? A la *rama* principal del proyecto, que se llama *main*. Recordemos que cuando comenzamos a utilizar Git, y lo inicializamos, la *rama* principal se llamaba *master*, pero la renombramos a *main* ya que hoy en día es el nuevo estándar. Al crear un *repositorio* en GitHub, también se llamará por defecto *main*.

Tenemos toda la información. Vamos a agruparla y lanzar `git push -u origin main`, como nos dice la web del propio *repositorio* vacío en GitHub.

> Recuerda solo tendremos que lanzarlo la primera vez. Basta con utilizar `git push` las próximas veces, ya que Git recordará la configuración establecida anteriormente.

Vamos a dirigirnos a la *URL* de nuestro proyecto en GitHub para ver qué ha pasado. En el *repositorio remoto*, llamado *Hello Git*, ya podemos visualizar todos los archivos que teníamos en *local*, junto a su historial de Git.

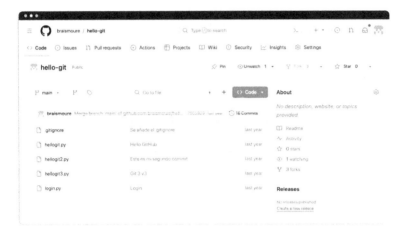

Así, usando git remote y git push, hemos logrado subir nuestro código *local* al *repositorio remoto* en GitHub. Ahora, cualquier persona con acceso al *repositorio* en GitHub, y los permisos necesarios, puede descargar el código y comenzar a colaborar en el proyecto siguiendo el flujo de trabajo definido por Git.

Capítulo 30: Subida de un proyecto

Comandos

```
1  git push
2  git pull origin main
```

Conceptos

Introducción

Continuemos hablando sobre la importancia de mantener sincronizado nuestro *repositorio local* y el *repositorio remoto* en GitHub para evitar *conflictos* y garantizar la coherencia del historial del proyecto.

Cambios en remoto

Si trabajamos de manera colaborativa, es muy posible que otros miembros del equipo hayan realizado cambios en el *repositorio remoto*, sin que nosotros estemos al tanto. Es importante *sincronizar* periódicamente nuestro proyecto *local* con GitHub para evitar *conflictos* antes de subir nuestros propios cambios.

Conclusión

Es importante recordar que Git es un sistema muy seguro, y que es esencial mantener la coherencia del historial del proyecto. Por lo tanto, siempre debemos asegurarnos de estar al día con los cambios en el *repositorio remoto*, antes de intentar subir nuestros propios desarrollos.

Curso

Lección 30: mouredev.com/git-github-30[1]
Inicio: 03:07:19 | Duración: 00:04:12

Imaginemos que, de alguna manera, alguien acaba de empezar a trabajar en nuestro *repositorio*.

Desde GitHub, podremos visualizar la recomendación que nos recuerda añadirle un *README.md* a nuestro *repositorio*. Aprovechamos para hacerlo. Esta será una de las muchas otras acciones que podemos realizar desde la interfaz web. Agregamos el *README.md*, y le decimos que haga un `commit`.

La plataforma de GitHub nos sirve para gestionar muchas cosas. Desde ella podemos crear *commits*, o hasta una nueva *rama* asociada a ese `commit` para no interferir en la principal. En nuestro caso, lo vamos a añadir directamente. Todo este proceso se lo atribuimos a la supuesta nueva persona que está trabajando en nuestro proyecto.

---

[1] https://mouredev.com/git-github-30

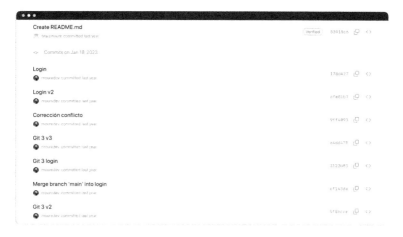

Regresamos a nuestro entorno *local*, recordando que nuestra fuente de verdad actual es GitHub.

Como hemos dicho, imaginemos que este *README.md* lo ha añadido otra persona del equipo, y lo ha subido a la *rama main* de GitHub, pero claro, nosotros nos encontramos en nuestro entorno *local* trabajando con el proyecto, sin ser conscientes de lo que están haciendo el resto de personas asociadas al proyecto.

Realizamos algunos cambios en nuestro proyecto y nos disponemos a registrarlos en Git y GitHub. Si hacemos un `git status`, se nos indicará que hemos modificado ciertos archivos. Procedemos a añadirlos como de costumbre y a realizar un `commit`. De vuelta en GitHub, actualizamos la web. *¿Se muestran nuestros nuevos cambios?* Obviamente no, todo sigue en nuestro *repositorio local*.

Si recordamos, nos falta la acción que se encarga de enviar ese `commit` al *repositorio remoto*. Lanzamos el comando `git push`, para que nuestro entorno *local* se *sincronice* con el *remoto*. Rechazado, error. No podemos enviar nuestros cambios *locales*. *¿Por qué?*

Lo hemos comprobado muchas veces a lo largo del curso. Git es un sistema muy seguro.

Cuando en lecciones anteriores trabajábamos con *ramas*, al modificar algo en alguna de ellas, y, si dichos cambios no estaban sincronizados, nos obligaba a *sincronizar* el estado de ambas *ramas* y solucionar cualquier tipo de conflicto. Ahora mismo nos encontramos en un caso muy parecido, con la diferencia de que no estamos perfectamente sincronizados con lo que tenemos en el *repositorio remoto*.

Dado que este es un proyecto muy pequeño, si nos vamos a GitHub podríamos observar que efectivamente existe un fichero *README.md* que no tenemos en nuestro proyecto *local*, y ese es el causante de nuestra falta de sincronización. Vamos a solucionarlo.

Para ello utilizaremos `git pull origin main` (`git pull` a futuro), un comando que se encargará de descargar los cambios que hay en GitHub y los mezclará con los nuestros en *local*. Si hay conflictos, tendremos que resolverlos manualmente. Una vez resueltos los *conflictos*, y ambos entornos sincronizados, podremos ejecutar `git push` nuevamente para enviar nuestros cambios sin problemas a GitHub.

Siempre es importante mantener sincronizado nuestro proyecto con los cambios existentes en el *repositorio remoto* antes de intentar subir nuestras propias modificaciones. De esta manera, evitaremos *conflictos* y garantizaremos que el historial del proyecto sea coherente y seguro.

Capítulo 31:
Sincronización remota
`$git fetch` y `$git pull`

Comandos

```
1  git fetch
2  git config pull.rebase false
3  git pull
```

Conceptos

Introducción

Sigamos profundizando en la posibilidad de enviar y descargar cambios entre un *repositorio local* y uno *remoto*.

Cuando trabajamos en un proyecto, es común que varias personas modifiquen el código al mismo tiempo. En este escenario, se hace indispensable poseer un mecanismo para mantener el código actualizado en todos los lugares donde se interactúa con el *repositorio* común. Aquí es donde entran en juego los comandos `git fetch` y `git pull`.

Fetch

El comando `git fetch` se utiliza para descargar el historial de cambios del *repositorio remoto* al *repositorio local*, pero sin aplicar los cambios. En otras palabras, este comando descarga los *commits* realizados en la *rama remota*, pero no los fusiona con los *commits* locales.

Pull

Por otro lado, el comando `git pull` descarga los cambios del *repositorio remoto* y los fusiona automáticamente con los cambios locales. Esto significa que, si hay algún *conflicto* entre los cambios locales y los cambios remotos, el comando `git pull` intentará fusionarlos de la mejor manera posible, deteniendo el proceso en caso de que exista algún *conflicto* que no permita la combinación de ambos.

Es importante tener en cuenta que, la primera vez que intentamos traernos cambios de un *repositorio remoto*, debemos indicar cuál es el mecanismo por defecto para realizar esa combinación. El mecanismo por defecto que se recomienda es el de `merge` (que se configura por primera vez lanzando el siguiente comando `git config pull.rebase false`), ya que nos obliga a asegurarnos de que estamos realizando un seguimiento cercano y consciente de nuestro código, tanto en *local* como en *remoto*.

Curso

Lección 31: mouredev.com/git-github-31[1]
Inicio: 03:11:31 | Duración: 00:05:10

Ya hemos hablado del comando `git push` para enviar nuestro código al *repositorio remoto*, y de `git pull` para descargarnos los cambios, pero no lo suficiente.

El siguiente comando será `git fetch`, así que vamos a comenzar por ejecutarlo. Aunque, hecho esto, parece que no desencadena ninguna acción. Llamemos a continuación a `git log`, y entendamos para qué sirve el `git fetch`. El `fetch` se descarga de manera *local* el historial de cambios remotos, pero sin aplicar dichos cambios.

Realizado el `fetch`, ahora consultamos cuál es el árbol de cambios (con `git tree` o `git log`), observando lo siguiente: En *origin main*, en el *repositorio remoto*, alguien ha creado un *README.md*. De esta forma, ya podemos deducir cuál es el problema por el que no nos dejaba enviar nuestro último `commit` a *remoto*. Estamos de acuerdo con el cambio, por lo que lo siguiente que haremos será descargarlo y aplicarlo. Si los cambios remotos provocaran algún problema con los que nosotros tenemos en *local*, también se nos señalaría un conflicto, concepto con el que ya hemos trabajado.

Tengamos esto claro: `git fetch` se descarga el historial sin los cambios, `git pull` se descarga el historial y también los cambios.

Hagamos pues un `git pull`. *¿Cuál era el cambio que nosotros teníamos en GitHub, pero no en local?* El fichero

---

[1] https://mouredev.com/git-github-31

README.md. Lanzado el comando nos dirá que quizás tengamos algún problema a la hora de realizar esa acción por primera vez. Nos está diciendo lo siguiente, *¿qué quieres hacer con toda esta acción? Debes reconciliar la rama local y remota de alguna forma por defecto.*

Leamos la información que nos proporciona la salida por la terminal. Se nos explica que podemos configurar un mecanismo de reconciliación por defecto, en caso de que la *rama remota* contenga cambios que nosotros no hemos aplicado en *local*. Por defecto, lo que queremos hacer es un `merge`, un tipo de acción que especificaremos con el siguiente comando de configuración: `git config pull.rebase false`. Lo lanzamos.

Vamos a probar de nuevo a ejecutar `git pull`. Esta segunda vez funcionará correctamente.

Recordemos que, debemos indicar cuál es el mecanismo por defecto para realizar esa combinación la primera vez que estamos intentando descargar cambios de un *repositorio remoto*. Dicho mecanismo recomendado es el de `merge`. *¿Por qué?* Porque al final nos obliga a asegurarnos de que somos conscientes de los cambios en *local* y *remoto*. Esto es esencial, ya que las otras opciones, como `fast-forward` o `rebase`, son mecanismos que asumen cierto estado del código.

Sigamos con nuestro `pull`, que implica un `merge`. Como siempre, se nos pedirá que indiquemos un mensaje. Ya sabemos que directamente podríamos guardar el mensaje y salir del editor utilizando `:q` (esto depende del editor por defecto de nuestra terminal).

Finalizado el proceso, comprobaremos que el *README.md* que teníamos en *remoto*, ahora también aparece en *local*.

Es muy importante conocer perfectamente `git push`, `git pull` y `git fetch`. Comandos esenciales (y suficientes), en la gran mayoría de los casos para establecer todo un flujo colaborativo de trabajo, primero *local*, y después en *remoto*.

Capítulo 32: Clonación
$git clone

Comandos

```
1  git clone <URL>
```

Conceptos

Introducción

Una vez que tenemos el código de un proyecto en nuestra máquina, podemos comenzar a trabajar en él. Pero, *¿qué ocurre si queremos empezar a colaborar en un proyecto publicado de forma remota?*

Clone

`git clone` es un comando de Git que permite descargar una copia completa de un *repositorio* de Git existente en algún lugar *remoto*, como GitHub, a nuestra máquina *local*. Al *clonar* un *repositorio*, se crea una copia exacta de este *remoto* en *local*, incluyendo todos los archivos, ramas, *etiquetas*, historial, etc.

El comando git clone es muy útil cuando necesitamos trabajar en un proyecto en el que ya se encuentra colaborando más gente, o simplemente necesitamos crear una copia de un proyecto existente para realizar modificaciones en él. *Clonar* un *repositorio*, en lugar de descargar una copia manualmente, nos proporciona una serie de ventajas, como mantener el historial de versiones del *repositorio*, y poder actualizar fácilmente la copia *local* del *repositorio* con los cambios aplicados en el *repositorio remoto*. Básicamente, *clonar* un *repositorio* nos permite seguir trabajando con Git.

git clone también permite *clonar* un *repositorio* utilizando diferentes protocolos de conexión, como *HTTPS* o *SSH*. *HTTPS* es el protocolo más simple para *clonar* un *repositorio* en GitHub, pero *SSH* es preferible en la mayoría de los casos, porque es más seguro y no requiere que ingresemos nuestras credenciales constantemente.

Conclusión

La clonación es fundamental en Git. Nos permite obtener una copia completa de un *repositorio remoto*, y trabajar en él de manera eficiente en nuestra máquina *local*. Es una herramienta esencial para colaborar con otros desarrolladores, y contribuir tanto en proyectos de código abierto como en proyectos privados.

Curso

Lección 32: mouredev.com/git-github-32[1]

---

[1] https://mouredev.com/git-github-32

Inicio: 03:16:41 | Duración: 00:03:14

Supongamos un nuevo caso de colaboración utilizando GitHub. Acabamos de entrar en el equipo de desarrollo del proyecto *Hello Git*, por lo tanto, aún no tenemos el código del proyecto en nuestro equipo *local*. Algo que necesitamos para poder comenzar a desarrollar. Veamos cómo hacerlo.

Por supuesto, podríamos descargar el código de forma manual, como un archivo *.zip* (posibilidad que tenemos desde GitHub), pero lo que nos interesa realmente es poder trabajar utilizando el control de versiones de Git. Si hacemos clic en el botón *Code* en el *repositorio*, nos mostrará opciones para *clonarlo*, sí, este es el nuevo concepto. Para ello, podemos usar un cliente de GitHub, o simplemente *clonarlo* desde la consola.

Para *clonar* el *repositorio*, podemos seleccionar entre *HTTPS* o *SSH*. Actualmente es preferible usar *SSH*, dado su grado de integración y seguridad. Con *SSH*, nuestra máquina quedará vinculada con los *repositorios* que permitan su acceso. Recuerda que ya hemos aprendido a configurarlo en una lección anterior.

Copiamos la *URL* del *repositorio* con *SSH*, y nos dirigimos desde la terminal al lugar de nuestro equipo donde queremos descargar el directorio *remoto*. Ya solo nos queda escribir `git clone`, seguido de la *URL* que copiamos en el *repositorio* de GitHub.

```
● ● ●
         ~/Desktop   git clone git@github.com:braismoure/hello-git.git
Cloning into 'hello-git'...
remote: Enumerating objects: 45, done.
remote: Counting objects: 100% (45/45), done.
remote: Compressing objects: 100% (18/18), done.
remote: Total 45 (delta 14), reused 42 (delta 13), pack-reused 0
Receiving objects: 100% (45/45), done.
Resolving deltas: 100% (14/14), done.
         ~/Desktop   ▊
```

Una vez realizada esta acción, veremos una nueva carpeta, con el nombre del proyecto, en este caso *Hello-Git*, que contiene todo el contenido del *repositorio*. Ahora ya tenemos en nuestra máquina una copia sincronizada del proyecto con el *repositorio* base de GitHub. Ya podemos comenzar a trabajar en él.

En cuanto a si necesitamos autenticarnos para *clonar* el repositorio, depende del tipo de repositorio. Todo dependerá de los permisos asignados.

En este caso no solo se trata de descargarlo únicamente, sino de poder modificar el proyecto a futuro y enviar nuestros cambios *locales* al *repositorio remoto*.

Capítulo 33: Subida de código `$git push`

Comandos

```
1  git push
2  git push --tags
```

Conceptos

Introducción

Ya hemos hablado de cómo *sincronizar* cambios entre nuestro *repositorio local* y el *repositorio remoto* en GitHub. Esto es esencial para asegurarnos de que todos los miembros del equipo tengan acceso a la última versión del proyecto.

Para hacer esto, utilizamos el comando `git pull`, descargando así los cambios del *repositorio remoto* a nuestro *repositorio local*. Si hay *conflictos* entre los cambios realizados, podemos solucionarlos utilizando previamente el comando `git merge`.

Una vez que hemos sincronizado los cambios, podemos trabajar en el proyecto localmente, y, cuando hayamos terminado, subir los cambios al *repositorio remoto* utilizando el comando `git push`.

Push

Antes de subir nuestro código al *repositorio remoto*, es importante asegurarnos de que todo esté en orden y de que no existan errores. Para hacer esto, podemos utilizar el comando `git status`, verificando así el estado de nuestro *repositorio*.

Si hay archivos modificados, podemos utilizar el comando `git add` para prepararlos antes de ser enviados al repositorio. A continuación, podemos utilizar el comando `git commit` para crear una nueva versión del código con los cambios realizados, junto a un mensaje descriptivo.

Una vez que hemos preparado nuestro código para ser enviado al *repositorio remoto*, utilizaremos finalmente `git push` para subir los cambios. Esto enviará los cambios al *repositorio remoto*, y los hará disponibles para cualquier persona con acceso a él.

También podemos usar el comando `git push --tags` para publicar todas las etiquetas (*tags*) en el *repositorio remoto*.

Desde GitHub, podremos visualizar los cambios realizados y quiénes contribuyeron a ellos. Es importante recordar que, si otros miembros del equipo han realizado cambios en el código mientras nosotros trabajábamos, debemos *sincronizar* nuestros cambios antes de subirlos al *repositorio remoto*.

Conclusión

Ya hemos aprendido diferentes mecanismos para utilizar Git y GitHub, en equipo o de manera individual, de forma efectiva. Hemos visto cómo *sincronizar* cambios, solucionar *conflictos* y preparar nuestro código para ser enviado al *repositorio remoto*.

Curso

Lección 33: mouredev.com/git-github-33[1]

Inicio: 03:19:55 | Duración: 00:01:36

En la lección anterior hablamos de cómo *sincronizar* cambios, solucionar *conflictos* y preparar nuestro código para subirlo al *repositorio remoto*.

Parece que ya todo está correcto. Nos toca dar el último paso. Este consistirá en enviar los *commits* que tenemos en *local* a GitHub. Ahora sí, simplemente ejecutemos el comando `git push`.

Si recargamos la web de GitHub, podremos ver que nuestros cambios ya están disponibles en el *repositorio remoto*, y cómo el archivo modificado tiene asignado dos personas que han contribuido a su evolución. La persona que lo creó, y otra que lo actualizó.

---

[1] https://mouredev.com/git-github-33

En este momento, disponemos de todo el código de nuestro proyecto en la nube.

Capítulo 34: Bifurcaciones

Conceptos

Introducción

En este capítulo exploraremos cómo funciona el flujo colaborativo en GitHub, lo cual nos permitirá trabajar en equipo en un proyecto compartido de una manera muy peculiar. Para ello, vamos a suponer que somos un usuario ajeno a un proyecto ya existente, y que queremos colaborar en él.

Fork

Aquí es donde entra en juego el verdadero concepto de flujo colaborativo en GitHub, la *bifurcación* o Fork. En GitHub, un Fork es una copia de un *repositorio* que se crea en nuestra propia cuenta de GitHub. La *bifurcación* es una forma de poder realizar cambios sobre el código si no tenemos permisos de escritura en el *repositorio* original, o si queremos evolucionar ese *repositorio* por nuestra cuenta sin afectar al origen.

Para crear un Fork de un *repositorio* en GitHub, simplemente debemos navegar al *repositorio* que queremos *bifurcar* y hacer clic en el botón Fork. Al hacer clic en este botón, se creará una copia del *repositorio* en nuestra cuenta de GitHub.

Una vez que hemos *bifurcado* un *repositorio*, podemos hacer cambios en el código, añadir archivos, *commits*, y enviarlos de nuevo al *repositorio*, de igual manera que lo haríamos en cualquier otro *repositorio* asociado a nuestra cuenta de GitHub.

Clonación

Una vez que tenemos nuestra propia *bifurcación* del *repositorio*, podemos *clonarla* en nuestro equipo *local* utilizando el ya visto comando `git clone`. De esta forma, podremos trabajar en dicha *bifurcación* sin afectar al *repositorio* original.

Una vez tenemos una copia del *repositorio* en nuestra cuenta de GitHub, podemos realizar cambios en ella como si fuera nuestro propio *repositorio*. Esto implica poder utilizar el comando `git push` para enviar modificaciones.

Curso

Lección 34: mouredev.com/git-github-34[1]

Inicio: 03:21:31 | Duración: 00:05:31

Sigamos adelante, para que todo lo que estamos aprendiendo acabe derivando en un ejercicio real, y así poner en práctica el flujo de colaboración en GitHub.

---

[1] https://mouredev.com/git-github-34

Imaginemos esta vez que somos otro usuario que quiere colaborar en el proyecto con el que hemos trabajado hasta ahora. Accedemos desde ese otro usuario al *repositorio público* del proyecto, donde hemos estado reflejando todo el contenido del curso.

Nuestra misión es *clonar* el *repositorio*. Buscamos su *URL* por *SSH* y la copiamos. Lanzamos un `git clone` del *repositorio* que no es nuestro (recordemos que estamos suponiendo que somos un usuario ajeno al proyecto). Realizado el `clone`, el *repositorio* se descarga. Hasta aquí, todo correcto.

Una vez tenemos el *repositorio* en *local*, abrimos el archivo *README.md* y lo modificamos. A continuación, nos disponemos a añadirlo a Git, hacer un `commit` con su correspondiente mensaje, y, finalmente un `git push`. *¿Qué ha ocurrido?* Que no podemos subir el código al *repositorio*, porque no tenemos permisos de escritura (somos otro usuario).

Aquí es donde entra el verdadero flujo colaborativo de

GitHub. Si tenemos permisos en el proyecto, podremos trabajar con él sin mayor problema. Pero, *¿qué pasa si no tenemos permisos de escritura?* Aquí es donde aparece este nuevo término propio de GitHub: El Fork o *bifurcación*.

Seguimos con la idea inicial. Somos otro usuario ajeno al proyecto, y queremos hacer un cambio en el *README.md* del *repositorio* del curso. *¿Cómo podemos indicarle a su dueño nuestra intención?*

El Fork es una especie de copia de un *repositorio*, mejor dicho, la creación de una nueva *rama* en base al contenido de un *repositorio*. El Fork es la manera de poder realizar cambios sobre el código si no tenemos permisos de escritura, o si queremos evolucionar ese *repositorio* por nuestra cuenta. Dentro de la *URL* del *repositorio* objetivo en GitHub únicamente tenemos que seleccionar la opción Fork, y configurar una serie de opciones, como seleccionar si queremos clonar únicamente la *rama main*. El botón Fork nos permite *clonar* ese *repositorio* en nuestro propio usuario. Así podremos modificarlo sin afectar el original, por supuesto, subiendo los cambios a nuestro *repositorio*.

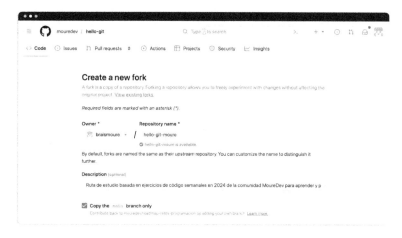

¿Cuál sería el siguiente paso ahora que hemos realizado el `Fork?`

Ya que tenemos una copia en la que podemos hacer lo que queramos, vamos a clonarla en nuestro equipo *local*. Regresamos a la terminal, nos ubicamos en el directorio deseado, y lanzamos el `git clone` de la *URL* del *repositorio bifurcado*, que ahora tenemos en nuestro usuario de GitHub. *Repositorio* que en estos momentos contiene exactamente lo mismo que su original.

```
Receiving objects: 100% (45/45), done.
Resolving deltas: 100% (14/14), done.
                        ~/Desktop   cd hello-git
                        ~/Desktop/hello-git   ⑂ main   git status
On branch main
Your branch is up to date with 'origin/main'.

nothing to commit, working tree clean
                        ~/Desktop/hello-git   ⑂ main   git status
On branch main
Your branch is up to date with 'origin/main'.

Changes not staged for commit:
  (use "git add <file>..." to update what will be committed)
  (use "git restore <file>..." to discard changes in working directory)
        modified:   README.md

no changes added to commit (use "git add" and/or "git commit -a")
                        ~/Desktop/hello-git   ⑂ main ●   git add README.md
                        ~/Desktop/hello-git   ⑂ main +   git commit -m "Me rio del readme"
[main 3993a76] Me rio del readme
 1 file changed, 2 insertions(+)
                        ~/Desktop/hello-git   ⑂ main   git push
ERROR: Permission to braismoure/hello-git.git denied to mouredev.
fatal: Could not read from remote repository.

Please make sure you have the correct access rights
and the repository exists.
                        ~/Desktop/hello-git   ⑂ main   cd ..
                        ~/Desktop   git clone git@github.com:braismoure/hello-git-mouredev.git
```

Capítulo 35: Flujo colaborativo

Conceptos

Introducción

Durante estas lecciones estamos aprendiendo a trabajar con Git para manejar versiones de archivos, y a utilizar GitHub para colaborar con otros usuarios en un proyecto.

Sincronización

Si *bifurcado* un *repositorio* y realizamos cambios en este, podremos enviarlos al *repositorio* original. Antes de hacer esto, es importante *sincronizar* nuestro *repositorio* *bifurcado* con el *repositorio* original. Esto asegurará que ambos *repositorios* estén actualizados, y evitaremos *conflictos* al realizar un posible `merge` entre ambos.

Curso

Lección 35: mouredev.com/git-github-35[1]

Inicio: 03:27:02 | Duración: 00:03:44

---

[1] https://mouredev.com/git-github-35

Vamos a añadir un nuevo archivo de *Markdown* a nuestro proyecto, ya *bifurcado* y *clonado*. Utilizamos el comando `touch`, y lo llamamos, por ejemplo, *hello.md*, ya que también será un archivo *Markdown*. Podemos abrirlo para visualizar su contenido.

Recuerda que nos encontramos trabajando en *local*. Vamos a añadir nuestro nombre de usuario de GitHub como texto del nuevo fichero.

Hemos modificado el archivo, pero aún no se encuentra en el *repositorio* original (el que utilizamos como referencia para realizar el `Fork`). Continuamos en nuestro *repositorio bifurcado*. Vamos a realizar el proceso completo para añadirlo al *repositorio remoto*. Ya nos lo sabemos de memoria: `git add`, `git commit`, `git push`.

Ya de vuelta en el *repositorio bifurcado* de GitHub, podremos ver nuestro nuevo archivo *hello.md*.

¿Qué será lo siguiente? Nos gustaría que el *repositorio* original tuviera este código. Supongamos que el fichero que acabamos de crear nos parece útil, y queremos que,

en el *repositorio* original del curso, donde no podemos escribir por falta de permisos, se puedan visualizar estos cambios realizados en el *repositorio bifurcado*.

Hagamos memoria. En primer lugar, realizamos el Fork para hacer una copia y retocar el proyecto. Ahora queremos enviar esos cambios al *repositorio* original.

Lo primero que debemos hacer siempre es *sincronizar* nuestro proyecto *bifurcado*, para que el *repositorio*, creado a partir de uno original, se mantenga alineado con este. Si alguien modificase el *repositorio* original, desde nuestro *repositorio bifurcado* podríamos seleccionar la opción *Sync*, para así evitar *conflictos* y realizar un merge. Esto ya nos suena de lecciones anteriores. Es el mismo concepto de *ramas*, pero aplicado a *repositorios*. Git es un sistema muy seguro, y GitHub no puede ser menos.

En nuestro ejemplo, *repositorio* original y *bifurcado* se encuentran al día, no existen problemas de *sincronización*, ya que nadie ha realizado ninguna acción sobre el *repositorio* original. En la siguiente clase, sí que tendremos en cuenta la situación de sincronización.

Capítulo 36: Pull requests

Conceptos

Introducción

Una de las funcionalidades más importantes de GitHub es la capacidad de contribuir a proyectos externos mediante **Pull Requests**, también llamadas **PR**.

Pull Request

Una `Pull Request` es una solicitud que se realiza al propietario de un *repositorio* para que revise, acepte e incorpore los cambios que se han realizado en una *rama* específica. En términos generales, una `Pull Request` se utiliza para proponer cambios en un *repositorio* ajeno y colaborar con otros desarrolladores en un proyecto común.

El mecanismo de `Pull Request` también se puede utilizar dentro de un mismo equipo de desarrollo, permitiendo solicitar la revisión de los cambios por parte de sus miembros.

Una `Pull Request` suele contener un conjunto de cambios (*commits*), que se han realizado en una *rama* en particular, y que se desean integrar en el *repositorio* original. Aplicado a un *repositorio* ajeno, una `Pull Request` se puede considerar como una forma de solicitar que se incorporen los cambios realizados en una *rama* de nuestro *repositorio*, creado a partir de un `Fork`, en otra *rama* del *repositorio* original.

Creación

Para crear una `Pull Request`, en primer lugar, es necesario realizar una *bifurcación* (`Fork`) del *repositorio* original en nuestra propia cuenta de GitHub. Esto se hace con el objetivo de crear una copia del *repositorio* original en nuestra cuenta, donde podemos realizar los cambios que deseamos.

Cabe aclarar que una `Pull Request` también se puede realizar entre *ramas* de un mismo *repositorio*, para así controlar los cambios que se añaden y reintegran en ellas.

Una vez que hemos realizado los cambios, podemos crear una `Pull Request`, que solicita al propietario del *repositorio* original (o, en su defecto, a un usuario administrador o que se ocupe del mantenimiento del *repositorio*) que revise y acepte los cambios que hemos realizado en nuestra *bifurcación*. Para ello, debemos dirigirnos al *repositorio* original, seleccionar la opción *Pull requests* y elegir *Open pull request*. En este momento, GitHub nos mostrará una interfaz donde podemos seleccionar las ramas y los cambios que hemos realizado, añadir comentarios y enviar la `Pull Request` al administrador del *repositorio* original. También podemos realizar una `Pull Request` desde nuestro repositorio *bifurcado*.

Después de enviar la `Pull Request`, el administrador del *repositorio* original puede revisar los cambios, comentarlos, y, si lo considera adecuados, aprobar la `Pull Request`. En caso de que existan *conflictos*, o problemas en los cambios propuestos, el administrador del *repositorio* original puede solicitar que se realicen ajustes antes de aprobar la `Pull Request`.

Finalmente, una vez que la `Pull Request` ha sido aprobada, el administrador del *repositorio* original debe realizar el `merge`, seleccionando la opción *Merge pull request*, para así combinar los cambios de la *rama bifurcada* en la *rama* del *repositorio* original. Si no hay conflictos, se podrá realizar el `merge` de la `Pull Request` directamente. En este caso, la `Pull Request` se marcará como *mergeada* y cerrada, y los cambios realizados se incorporan al *repositorio* original.

Conclusión

Las `Pull Requests` son una forma de contribuir a proyectos de código abierto y colaborar con otros desarrolladores en un proyecto común. Para crear una `Pull Request`, es necesario hacer una *bifurcación* del *repositorio* original, realizar los cambios que deseamos en nuestra propia *bifurcación*, y enviar la `Pull Request` al administrador del *repositorio* original. Si la `Pull Request` es aprobada, el administrador puede combinar los cambios mediante un `merge`. En general, las `Pull Requests` son una herramienta muy útil para trabajar en proyectos colaborativos en GitHub y mejorar la calidad del código.

Curso

Lección 36: mouredev.com/git-github-36[1]

_____
[1] https://mouredev.com/git-github-36

Inicio: 03:30:46 | Duración: 00:04:44

Para contribuir a otro *repositorio*, y enviar nuestros cambios al *repositorio* original, utilizaremos las opciones de contribución. Aquí nos encontraremos con un nuevo término muy importante en GitHub: `Pull Request` (abreviado como `PR`).

Si contamos con una aportación, que hemos creado a partir de un `Fork` al *repositorio* original, podremos abrir una `Pull Request`.

En nuestro caso, hemos realizado un `commit` en el que añadimos un archivo llamado *hello.md*, con nuestro nombre de usuario de GitHub, señalando que el dicho `commit` añadía un archivo para saludar a la comunidad. *¿Hacia dónde queremos enviar esta* `Pull Request`*?* Al *repositorio* original que posee el contenido del curso (github.com/mouredev/hello-git[2]).

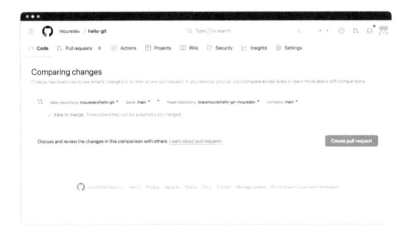

---

[2]https://github.com/mouredev/hello-git

Añadimos un comentario y creamos la `Pull Request`. Hecho esto, en el *repositorio* original, observaremos que aparece una nueva `Pull Request`. Como administradores, podríamos revisar los cambios, observando que se desea añadir un archivo llamado *hello.md* al proyecto original. Supongamos que nos parece una buena idea, y aprobamos la `Pull Request`.

Regresando a la sección de `Pull Request`, podemos visualizar que se ha aceptado, faltándonos únicamente un último paso, realizar un `merge` de la `Pull Request`.

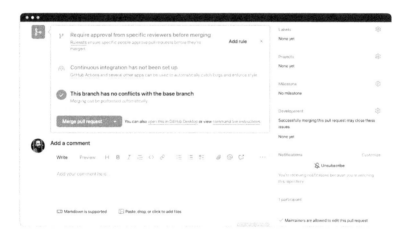

La persona que mantiene o es propietaria del *repositorio* original debe hacer *Merge pull request*. Git no permitirá combinar código que cause problemas entre sí. Si no hay conflictos, como en este caso, se podrá realizar el `merge` directamente.

Una vez confirmado, el proceso de `Pull Request` se dará como finalizado. La PR se eliminará, y los cambios propuestos se incorporarán al *repositorio* original. El código del *repositorio* original ya incluye el archivo *hello.md*, con el contenido enviado por el usuario ajeno al proyecto.

Lección 37: Ejercicio práctico

Conceptos

Introducción

Ahora que ya tenemos los conocimientos suficientes, es hora de ponerlos en práctica. Para ello vamos a realizar un proceso completo de `Pull Request` real en GitHub.

Ejercicio

Estos son los pasos a llevar a cabo para poner en práctica el flujo colaborativo. El objetivo es proponer cambios sobre un proyecto de GitHub:

1. **Fork:** El primer paso es realizar un `Fork` del *repositorio* principal. Esto crea una copia del *repositorio* en nuestra cuenta personal de GitHub.
2. **Clonación:** Después de realizar un `Fork`, debemos *clonar* el *repositorio* en *local*.
3. (*Extra*) **Rama:** Una vez *clonado* el *repositorio*, podemos crear una *rama* en la que se realizarán los cambios. Crear *ramas* es una buena práctica para aislar el flujo de trabajo. Esto implicará realizar un proceso de `merge` para reintegrar sus cambios en la *rama*, a partir de la que se ha generado la nueva.

4. **Modificaciones:** Una vez se ha *clonado* el *repositorio*, se realizarán los cambios necesarios en el código fuente.
5. **Commit:** Después de realizar los cambios necesarios, es importante realizar un `commit`.
6. **Push:** Realizado el `commit`, el siguiente paso es ejecutar un `push` de la *rama* al *repositorio remoto* en GitHub.
7. **Pull Request:** A continuación, podremos crear una `Pull Request` en GitHub. Para hacer esto, es necesario hacer clic en el botón *New pull request* en la página del *repositorio bifurcado*. Debe seleccionarse la *rama* que contiene los cambios y el *repositorio* principal al que se van a proponer estas modificaciones.
8. **Revisión:** Después de crear una `Pull Request`, es importante esperar la revisión y aprobación por parte de los administradores del *repositorio* original. Una vez se apruebe la `Pull Request`, los cambios se *fusionarán* en dicho *repositorio*.

Curso

Lección 37: mouredev.com/git-github-37[1]
Inicio: 03:35:30 | Duración: 00:02:11

El flujo completo en Git y GitHub nos permiten trabajar de manera colaborativa.

Me gustaría comenzar a recibir `Pull Request` en el proyecto principal

---

[1] https://mouredev.com/git-github-37

(github.com/mouredev/hello-git[2]). Recuerda que en este *repositorio* tenemos toda la información relevante del curso.

El reto es el siguiente: debes añadir tu nombre de usuario de GitHub al final del archivo *hello.md* del *repositorio* original del curso, mediante una `Pull Request`. Previamente haciendo un `Fork` en tu cuenta de usuario, *clonando* el *repositorio* en *local*, modificando el fichero *hello.md*, realizando un `add`, un `commit`, un `push`, y, finalmente, una `Pull Request` solicitando añadir el cambio al *repositorio* del curso. Yo seré el encargado de revisar las `Pull Request`.

> Tengo como objetivo añadir en el fichero *hello.md* los nombres del usuario de GitHub de cada persona que está participando en el curso, y que ha llevado a cabo esta práctica.
>
> ¿Qué te parece la idea?

Es un ejercicio simple, pero sirve para poner en práctica un gran número de conceptos que hemos visto sobre Git y GitHub.

> Ojalá pueda leer tu nombre de usuario entre las *Pull requests.*
>
> ¡Ánimo!

---

[2]https://github.com/mouredev/hello-git

Capítulo 38: Conflictos en pull requests

Conceptos

Introducción

En este capítulo vamos a profundizar en el flujo de trabajo de GitHub, especialmente en el proceso de colaboración entre usuarios, como es la creación de `Pull Request` y la resolución de *conflictos*.

Colaboración

Como mencionamos anteriormente, una de las características más importantes de GitHub, es su capacidad para permitir que múltiples personas colaboren en un mismo *repositorio*. Esto es posible gracias a sus herramientas de colaboración, como la creación de `Pull Request`, y la capacidad de resolución de *conflictos* entre ellas.

Una `Pull Request`, es una solicitud de extracción para que los cambios realizados en una *rama* de un *repositorio* sean incorporados en la *rama* del *repositorio* original. Esta solicitud es creada por un usuario que ha *bifurcado* el *repositorio* original, y ha realizado cambios en su propio repositorio. La `Pull Request` permite al usuario proponer sus cambios al administrador del *repositorio* original, quién puede revisarlos, discutirlos con el usuario, y finalmente aceptarlos o rechazarlos.

Conflicto

La resolución de *conflictos* es un proceso muy importante que se puede presentar al intentar *fusionar ramas* con cambios diferentes en un mismo archivo. Un *conflicto* de *fusión* ocurre cuando Git no puede determinar automáticamente cómo *fusionar* los cambios realizados por dos usuarios diferentes. En este caso, los usuarios deben resolver manualmente el conflicto, eligiendo qué cambios conservar y cómo combinarlos.

Resolución

Cuando se encuentra un *conflicto* en una `Pull Request`, se puede resolver de forma *local*, mediante la línea de comandos de Git. Sin embargo, GitHub también ofrece una herramienta para resolver *conflictos* directamente desde la plataforma.

Para resolver un *conflicto* en GitHub, debemos hacer clic en el botón *Resolve conflicts*, en la `Pull Request` afectada. Esto nos mostrará un editor de código en línea, donde podremos visualizar las diferencias entre las *ramas* que están en *conflicto*, y resolver sus colisiones manualmente. Podemos elegir qué cambios conservar, y cómo combinarlos, y, una vez resueltos los *conflictos*, marcarlos como resueltos y hacer un `commit` para *fusionar* las *ramas*.

Conclusión

El flujo de trabajo en GitHub y la colaboración entre usuarios es una parte fundamental del desarrollo de software moderno. A través de herramientas, como la creación de Pull Request, y la resolución de *conflictos*, GitHub permite que múltiples personas trabajen juntas en un mismo proyecto de manera efectiva y eficiente.

Curso

Lección 38: mouredev.com/git-github-38[1]
Inicio: 03:37:41 | Duración: 00:15:50

Hasta el momento, hemos explorado un flujo de trabajo completo en GitHub, como si ya estuviéramos trabajando desde allí, y quisiéramos aportar alguna evolución a un *repositorio*.

Hagamos un repaso. Si tenemos permiso en un *repositorio*, trabajaremos con este siguiendo el flujo habitual de Git, seleccionando la *rama* correspondiente, y haciendo push de nuestros cambios, aunque recuerda que también podemos utilizar el mecanismo de Pull Request en ellas, para así añadir un extra de seguridad mediante revisión de cambios.

Como ya sabemos, GitHub está diseñado para ser totalmente colaborativo, permitiendo que personas, sin permisos en un *repositorio público*, también puedan colaborar en él. Esto forma parte de la filosofía del código abierto.

---

[1] https://mouredev.com/git-github-38

El ejercicio para poner en práctica este flujo, fue el siguiente: creamos un archivo llamado *hello.md* en formato *Markdown*, y, desde otro usuario de GitHub, añadimos nuestro nombre al archivo.

Como *bifurcamos* el *repositorio*, podemos hacer lo que queramos con él. Una vez hechos los cambios, podemos decidir si seguir trabajando en este *repositorio*, o solicitar que dichos cambios se incorporen al *repositorio* original. *¿Cómo se hacía eso?* Para ello aplicamos el concepto de `Pull Request`.

La `Pull Request` es una solicitud para que los cambios hechos en nuestro `Fork` se añadan al *repositorio* original. En la lección anterior realizamos una `Pull Request` completa.

Es importante entender que `Pull Request` no es lo mismo que `push`. Este último sí que forma parte del flujo de Git. Cuando hablamos de `Pull Request` y `Fork`, nos referimos a conceptos aplicados en GitHub, ya que es como funciona la plataforma para permitir la colaboración de usuarios.

Por otra parte, cuando revisamos el *repositorio* en GitHub, podremos encontrar en él un nuevo concepto de colaboración, las llamadas *Issues*, que se corresponden con posibles errores en nuestro *repositorio*. Esto también forma parte del flujo de GitHub: reportar errores sin necesariamente aportar código o correcciones. Sirven para notificar problemas o sugerencias en el proyecto.

Dicho esto, volvamos a las `Pull Request`. Imaginemos que otros colaboradores han enviado diferentes solicitudes a nuestro *repositorio*, pidiendo añadir nuevos usuarios al fichero *hello.md*.

Llegado el momento, al revisar nuevas `Pull Request`,

podemos encontrarnos con un problema. Esto se debe a que otros usuarios realizaron el `Fork` en un momento específico, cuando el *repositorio* tenía ciertos datos, y un listado de usuarios concreto. Pero el *repositorio* original está vivo, y sigue evolucionando sin tener en cuenta quién y cuándo se realizan los `Fork`. Así mismo, antes de aceptar una `PR`, han podido aceptarse otras, que entren en *conflicto* con nuestro código. Como ya sabemos, la resolución de *conflictos* entre *ramas* es una constante en Git.

Si para aceptar una `PR`, y realizar `su merge` en nuestro *repositorio*, tenemos que resolver un *conflicto*, podremos hacerlo de manera *local*. Pero también podemos intentar resolver un *conflicto* desde el propio GitHub. Incluso la propia plataforma nos sugiere hacerlo. Será tan simple como seleccionar la opción *Resolve conflicts* (siempre que exista uno a la hora de realizar el `merge` de una `Pull Request`).

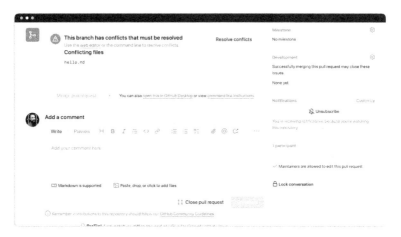

Que exista un *conflicto*, no quiere decir que el usuario no haya sincronizado su progreso, simplemente puede significar que el *repositorio* siguió avanzando, después de que el usuario enviase una `Pull Request` a nuestro repositorio. Vayamos a la opción de resolver *conflictos* dentro de GitHub.

Como en nuestro supuesto, hemos aceptado más PR antes de llegar a la del *conflicto*, nos encontramos con que en la línea de código donde se quiere añadir un nombre de usuario al *hello.md*, ya dispone de otro nombre. Un *conflicto* muy habitual.

GitHub nos mostrará claramente el problema, y las líneas afectadas. *¿Qué hacemos?* Como siempre, podemos quedarnos con nuestro código, el código del otro usuario, o realizar una combinación de ambos. En este caso utilizaremos la última opción, ya que queremos conservar todos los nombres de los usuarios anteriores, y añadir el último, el que ha provocado el *conflicto*.

Si es un *conflicto* simple, podemos resolverlo directamente desde GitHub. En este caso, añadimos el nuevo nombre al final del archivo, y eliminamos las marcas de Git que señalan el *conflicto*.

Una vez resuelto el *conflicto*, GitHub nos permite marcarlo como resuelto, y nos sugiere que hagamos un `commit`. Estamos trabajando en la *rama main*, que es donde confluye todo el código de nuestra aplicación, así que actualizamos la *rama* y hacemos el `merge`.

Una vez que el archivo se encuentra en un estado en el que no posee *conflicto*, podemos hacer `merge` de la `Pull Request`, e incluirla en nuestro *repositorio* principal. Si no nos convence el contenido de la `Pull Request`, podemos dejar un comentario, cerrarla o solicitar cambios al usuario que abrió la PR.

En este caso, aceptamos la `Pull Request`, realizamos el `merge`, y cerramos la `Pull Request`. Esta última `Pull Request` desaparecerá de la lista. Ya no existen *conflictos* en nuestro *repositorio*.

Este proceso de colaboración en GitHub es sumamente útil para trabajar en proyectos de código abierto y equipos de desarrollo, ya que permite que múltiples personas colaboren en un mismo *repositorio*, aportando nuevas funcionalidades, solucionando errores y mejorando el código. Además, facilita la comunicación entre los colaboradores, permitiéndoles discutir sobre los cambios propuestos, y decidir en conjunto cuál es la mejor solución para cada situación.

Por último, es importante recordar de nuevo que estos flujos de colaboración, como el `Fork` y la `Pull`

Request, son propios de GitHub, y no forman parte de las funcionalidades de Git. Aunque Git es la base del sistema de control de versiones utilizado por GitHub, la plataforma añade sus propias herramientas para facilitar la colaboración entre usuarios.

Capítulo 39: Sincronización de bifurcaciones

Comandos

```
1  git remote add upstream <url_repositorio_original>
2  git fetch upstream
3  git merge upstream/<nombre_rama>
```

Conceptos

Introducción

Cuando trabajamos en un proyecto de código abierto, es habitual que deseemos proponer modificaciones en el proyecto original, pero no tengamos permisos para hacerlo directamente. En este caso, podemos hacer una *bifurcación* del proyecto (`Fork`), en nuestra propia cuenta de GitHub, realizar la modificación, y enviar una solicitud de extracción (`Pull Request`), para que un administrador del proyecto original revise los cambios y los incorpore.

Sin embargo, puede ocurrir que mientras trabajamos en nuestro `Fork`, el proyecto original reciba actualizaciones.

Si queremos enviar una PR con nuestros cambios, necesitamos *sincronizar* previamente nuestro Fork con las actualizaciones del proyecto original.

En este capítulo, aprenderemos a *sincronizar* un Fork en GitHub. Este será un proceso que podremos realizar desde línea de comandos o desde el propio GitHub.

Sincronización

Para *sincronizar* nuestro Fork con el *repositorio* original, lo primero que debemos hacer es ir a nuestro *repositorio* en GitHub. A continuación, haremos clic en el botón *Sync fork*.

Esta acción nos recuperará los *commits* que no poseemos del proyecto original, y los añadirá a nuestro Fork *remoto*. Pero estos cambios aún no están incorporados en nuestro *repositorio local*. Por lo tanto, el siguiente paso será actualizar nuestro *repositorio local* utilizando git pull, para reflejar así los cambios del *repositorio* original.

Si quisiéramos hacer esto mismo desde la terminal *local*, podríamos utilizar los siguientes comandos de Git:

- git remote add upstream <url_repositorio_-original> para establecer la *URL* del repositorio original asociado a la *bifurcación*.
- git fetch upstream para recuperar las actualizaciones del proyecto original en nuestro *repositorio local*, pero sin fusionarlas con nuestros cambios *locales*.
- git merge upstream/<nombre_rama> para fusionar los cambios *remotos* con nuestro *repositorio local*.

Este último comando *fusionará* los cambios del *repositorio* original con nuestros cambios *locales* en la *rama* en la que nos encontremos. Si estamos trabajando en una *rama* diferente, debemos asegurarnos de cambiar a esa *rama* antes de *fusionar* los cambios.

Una vez hemos *fusionado* los cambios del *repositorio* original con nuestros cambios *locales*, el siguiente paso es enviar los cambios a GitHub. Para hacer esto, utilizamos, como siempre, `git push`. Este comando enviará los cambios fusionados a nuestro `Fork` en GitHub. Ahora ya podremos abrir una `Pull Request`, para que el dueño del proyecto original revise nuestros cambios y los incorpore en su proyecto.

> Todo el proceso detallado en la línea de comandos puede también realizarse desde GitHub. Te recomiendo que para ello revises la sección asociada al curso, ya que se trata un caso práctico.

Conclusión

En este capítulo, hemos aprendido a *sincronizar* un `Fork` en GitHub. Para hacer esto, debemos recuperar las actualizaciones del proyecto original a nuestro `Fork`, *fusionar* los cambios con nuestros cambios *locales*, y enviarlos a GitHub. De esta manera podremos enviar nuevas `Pull Request` al proyecto original.

Curso

Lección 39: mouredev.com/git-github-39[1]
Inicio: 03:53:31 | Duración: 00:03:22

Vamos a *sincronizar* un `Fork` en GitHub. Volvamos a imaginar que nos encontramos en el *repositorio bifurcado*, y que somos un usuario ajeno al proyecto original. Somos aquella persona que hizo un `Fork` para realizar una modificación, y enviar un `commit` con su nombre de usuario añadido al final del archivo *hello.md*.

Cuando echamos un vistazo al archivo *hello.md* desde nuestro `Fork`, observaremos que únicamente tiene un nombre, mientras que el *repositorio* original cuenta ya con varios. Esto ocurrió porque, al hacer el `Fork`, aún no había nombres añadidos.

GitHub nos informa de que nuestro `Fork` está desactualizado con respecto al *repositorio* original. Si quisiéramos hacer una actualización sobre nuestro *repositorio*, para más adelante enviar una nueva `Pull Request`, necesitamos previamente que ambos *repositorios* se encuentren *sincronizados*.

Para solucionarlo, GitHub proporciona una opción de *sincronización*. Hacemos clic en *Sync fork*, observando que nos mostrará el número de *commits* que se han realizado desde el nuestro. Podemos revisar los cambios antes de *sincronizarlos*, o simplemente actualizar nuestro *repositorio* para, finalmente, estar de nuevo al día.

---

[1] https://mouredev.com/git-github-39

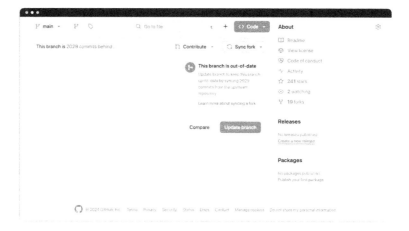

En nuestro caso, actualizamos el `Fork`, y, al revisar el archivo *hello.md*, ya contaremos con todos los nombres del *repositorio* original en nuestro propio *repositorio*. Así, hemos logrado *sincronizar* el `Fork` con el *repositorio* original, pudiendo volver a trabajar con ambos de manera eficiente.

Comprendiendo este flujo completo, hemos abordado los fundamentos de Git y GitHub, como *clonar* un repositorio, trabajar con *ramas*, hacer *commits* y `push`, entre otras cosas. Ahora estamos preparados para colaborar en proyectos utilizando estas herramientas.

Capítulo 40: Markdown

Conceptos

Introducción

Una de las principales ventajas de GitHub, es la posibilidad de documentar el proyecto de una manera atractiva, y fácilmente legible. Para ello, se utiliza la sintaxis **Markdown**, que permite crear documentos de texto enriquecido de forma sencilla y elegante.

Markdown

Markdown es un lenguaje de marcado ligero que se utiliza para dar formato a los textos. Fue creado por *John Gruber* en 2004, con el objetivo de ser fácil de leer y fácil de escribir en su representación sin formato. En otras palabras, el formato debe estar contenido en el propio documento de texto.

La sintaxis de *Markdown*, permite utilizar una serie de símbolos que sirven para formatear el texto. Estos elementos se escriben como texto plano, y enriquecen visualmente la apariencia de nuestros documentos. La mayoría de las herramientas de edición de texto y código permiten editar archivos de Markdown y visualizar el resultado final.

GitHub y Markdown

Ya sabemos que GitHub nos ofrece una serie de herramientas para facilitar el trabajo colaborativo en equipo. Una de estas herramientas es el soporte para archivos de documentación en estilo *Markdown*.

GitHub no creó *Markdown*, pero sí acepta gran parte de su estándar. De hecho, GitHub ofrece documentación sobre la sintaxis de *Markdown* que acepta. Así, podremos ver cómo formatear el texto para que se muestre de una manera específica. Solo necesitamos un archivo *.md* y trabajar con esta sintaxis.

El archivo *README.md*, siempre que se encuentre en la raíz de nuestro repositorio, actuará como página principal de este, conteniendo la información principal del proyecto. Debemos tener en cuenta la importancia de documentar adecuadamente, añadiendo siempre un archivo *README.md* al proyecto. Por otra parte, podemos tener tantos archivos *.md* como queramos, enlazarlos y navegar entre ellos.

> Aquí puedes consultar la documentación oficial de Markdown dentro de GitHub: docs.github.com/es/get-started/writing-on-github/getting-started-with-writing-and-formatting-on-github/quickstart-for-writing-on-github[1]

---

[1] https://docs.github.com/es/get-started/writing-on-github/getting-started-with-writing-and-formatting-on-github/quickstart-for-writing-on-github

Sintaxis

A continuación, vamos a descubrir los elementos más comunes asociados a la sintaxis de *Markdown*:

- **Encabezados:** se utilizan para indicar el nivel del título. Se escriben con el símbolo almohadilla *(#)* seguido de un espacio y el texto del título.
- **Énfasis:** se utiliza para enfatizar el texto. Se puede utilizar el asterisco *(*)*, o el guion bajo *(_)*.
- **Listas:** se utilizan para presentar elementos en una lista. Se pueden crear listas numeradas utilizando números *(1.)*, o no numeradas usando el asterisco *(*)*.
- **Enlaces:** se utilizan para crear *links* a otras páginas de *Markdown* o recursos web. Se escriben con el texto del enlace entre corchetes *[]*, y la *URL* entre paréntesis *()*.
- **Imágenes:** se utilizan para insertar imágenes en el documento. Se escriben con un signo de exclamación *(!)*, seguido del texto alternativo entre corchetes *[]* y la *URL* de la imagen entre paréntesis *()*.
- **Citas:** se utilizan para citar texto. Se escriben con el símbolo mayor qué *(>)* seguido del texto citado.
- **Código:** se utiliza para resaltar fragmentos de código dentro del texto. Se pueden utilizar las comillas simples *(')* o las comillas triples *(''')*.
- **Tablas:** se utilizan para crear tablas en el documento. Se escriben con las columnas separadas por tuberías *(|)*, La primera fila se utiliza para indicar la cabecera de la tabla.

Poseemos muchos más elementos, pero estos son los más comunes y útiles para dar formato a un documento.

Existen distintas herramientas para trabajar con la sintaxis de *Markdown*, ayudarnos a escribirla, y visualizar la apariencia del documento en tiempo real.

Documentación

No nos limitamos a usar GitHub solo para subir código. Debemos documentarlo, hacerlo atractivo y comprensible. Ya hemos visto, en uno de los primeros capítulos sobre GitHub, cómo podemos personalizar la página de inicio de nuestro perfil o proyecto. De esta forma podemos añadir información adicional sobre nosotros o nuestros proyectos.

HTML

Los archivos *.md*, aparte de la sintaxis propia de *Markdown*, también aceptan regularmente *HTML*. Tengámoslo en cuenta para realizar presentaciones más complejas. Si necesitamos dar formato a una sección de nuestro documento, que no es posible con la sintaxis de *Markdown*, podemos utilizar *HTML* para lograrlo.

Conclusión

Los archivos de documentación en estilo *Markdown*, son una forma sencilla y elegante de documentar nuestros desarrollos. GitHub ofrece soporte para *Markdown*, y nos permite personalizar la página de inicio de nuestro perfil, así como cada uno de nuestros proyectos.

Curso

Lección 40: mouredev.com/git-github-40[2]
Inicio: 03:56:53 | Duración: 00:03:44

Recordemos que la forma más común de crear documentación en GitHub es usando archivos con formato *Markdown*. De ahí que la extensión del fichero *README* sea *.md*.

Si revisamos los *.md* del proyecto, podremos observar que poseen una serie de símbolos que sirven para formatear el texto. Estos elementos se escriben como texto plano y enriquecen visualmente la apariencia de nuestros documentos de manera sencilla y elegante.

Markdown no ha sido creado por GitHub, pero sí acepta gran parte de su estándar. De hecho, siempre que el archivo llamado *README.md* se encuentre en la raíz de nuestro *repositorio*, actuará como página principal de este, conteniendo la información principal del proyecto.

---

[2]https://mouredev.com/git-github-40

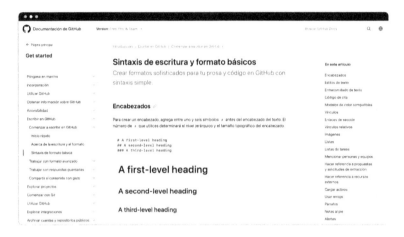

Sobra decir que, si nos gusta el formato de algún fichero de *Markdown* que encontremos en GitHub, podemos inspeccionar su código y utilizarlo en nuestra propia documentación.

GIT y GITHUB

Sección dedicada al estudio conjunto de Git y
GitHub

Capítulo 41:
Herramientas gráficas

Conceptos

Introducción

Durante todo el curso, hemos aprendido a usar Git a través de la línea de comandos, sin embargo, **existen herramientas gráficas (GUI)**, que pueden facilitar el proceso y adaptarse mejor a nuestra manera de trabajar. En este capítulo, hablaremos de algunas de las herramientas gráficas más populares para trabajar con Git y GitHub, como *GitHub Desktop*, *GitKraken*, *SourceTree*, *Fork* y principales editores de código.

GitHub Desktop

GitHub Desktop es una herramienta creada por el equipo de GitHub, que permite trabajar con Git y GitHub de manera visual. Es compatible con varios sistemas operativos, y puede ser una gran opción para familiarizarse con el mundo de las herramientas gráficas y el flujo de GitHub.

Puedes descargar *GitHub Desktop* desde desktop.github.com[1]

---

[1] https://desktop.github.com

GitKraken

GitKraken es una herramienta gráfica más profesional, que ofrece muchas funcionalidades y puede ser una buena opción para trabajar con varios *repositorios* y equipos de desarrollo. Al abrir la herramienta se puede apreciar el árbol de navegación que representa el historial de Git. Podemos pasar los cambios al área de *Stage* con solo presionar un botón y luego realizar un `commit` y un `push`.

GitKraken es de uso gratuito en *repositorios públicos*, contando con una versión de pago para interactuar con *repositorios privados*.

Puedes descargar *GitKraken* desde gitkraken.com[2]

SourceTree y Fork

Otras herramientas gráficas populares, para trabajar con Git y GitHub, son *SourceTree* y *Fork*. *SourceTree* es una herramienta desarrollada por *Atlassian* (creadores de *Jira*), que permite trabajar con *repositorios públicos* y *privados* de forma gratuita, mientras que *Fork* es de pago en todas sus versiones.

Puedes descargar *SourceTree* desde sourcetreeapp.com[3]

Puedes descargar *Fork* desde git-fork.com[4]

---

[2]https://gitkraken.com
[3]https://sourcetreeapp.com
[4]https://git-fork.com

Editores de código

Los editores de código (*IDE*) más populares, como *Visual Studio Code* o *IntelliJ IDEA*, entre otros muchos, también incluyen una *GUI* para interactuar desde ellos con Git o GitHub, sin necesidad de utilizar herramientas externas.

Conclusión

Las herramientas gráficas (*GUI*), como *GitHub Desktop*, *GitKraken*, *SourceTree* y *Fork*, ofrecen una alternativa visual y fácil de usar frente a la terminal. Sin embargo, es fundamental comprender primero cómo funcionan los comandos de Git y la línea de comandos, antes de decidir qué herramienta utilizar. Lo más importante es encontrar la herramienta o enfoque que nos permita trabajar de manera eficiente y cómoda en nuestros proyectos.

No hay una opción correcta o incorrecta, ya que cada herramienta tiene sus propias ventajas e inconvenientes. Es importante evaluar las necesidades del proyecto y el estilo de trabajo personal para decidir qué herramienta utilizar. En general, las herramientas gráficas pueden ser una excelente opción para aquellos que prefieren una experiencia más visual y fácil o rápida de manejar, en lugar de trabajar únicamente con comandos desde la terminal.

Curso

Lección 41: mouredev.com/git-github-41[5]

---

[5]https://mouredev.com/git-github-41

Inicio: 04:00:37 | Duración: 00:17:59

Recordemos que, al principio del curso mencionamos las distintas formas de trabajar con Git. Durante todo su transcurso, aprendimos a usar Git a través de la línea de comandos, la terminal. No obstante, no solo podemos trabajar con la línea de comandos, sino también con **herramientas gráficas (GUI)**.

No se trata de si debemos usarlas o no, ya que es algo muy personal. Debemos considerar esencial entender los fundamentos de Git y GitHub, así como qué hace cada comando de Git, o cada acción del flujo colaborativo de GitHub. Si llegamos a este punto del curso, y entendemos dichos conceptos básicos, será el momento de conocer más alternativas. Algunas personas prefieren la consola, mientras que otras optan por herramientas gráficas. Por algo existen ambas opciones.

Lo importante no es cómo trabajamos, sino que entendamos por qué lo hacemos de esa manera. No hagamos caso a quienes nos dicen que los verdaderos programadores utilizan únicamente la consola. Eso no es cierto. Tenemos a disposición gran variedad de herramientas. Nuestra es la responsabilidad de conocer las opciones, valorarlas y elegir la que mejor se adapta a nuestras necesidades.

Dicho esto, yo soy una de las personas que trabaja habitualmente con herramientas gráficas. Combinando esta en algunos casos con la terminal. Esto no significa que no sepa hacerlo todo desde la terminal, pero me resulta más productivo utilizando la *GUI*. Lo importante no es recordar comandos complejos, sino tener claro el flujo de trabajo.

Vamos a descubrir un poco más sobre ellas.

En primer lugar, no pensemos que, al usar herramientas gráficas, no tendremos que aprender nada. No se trata de eso. Las herramientas gráficas pueden ayudar, pero su propósito no es evitar que entendamos Git o GitHub. Son simplemente otra forma de trabajar, que podría adaptarse mejor a nuestro flujo operativo, o nuestra manera de interactuar con un proyecto.

Existen muchas herramientas gráficas muy utilizadas, pero hablaremos solo de algunas de las más comunes, empezando por la oficial de GitHub.

Se llama *GitHub Desktop*, y ha sido creada por el equipo de GitHub. No es la más profesional, pero sí resulta muy útil para familiarizarse con el mundo de las herramientas gráficas, ya que incluye los comandos más habituales. Es compatible con varios sistemas operativos, y podemos encontrar toda su documentación en la web oficial.

Entender cómo funciona Git, facilita el uso de herramientas gráficas como *GitHub Desktop*. Una vez que iniciemos sesión con nuestra cuenta de GitHub, podremos ver todos los *repositorios* asociados. Esta herramienta es ideal para trabajar en conjunto con todo el flujo de GitHub. Aunque es útil para tareas rápidas, puede quedarse corta en flujos más complejos. Sin embargo, como herramienta de aprendizaje, es muy buena.

Con *GitHub Desktop* podemos *clonar repositorios* automáticamente con solo unos clics. También podemos agregar *repositorios locales*. En la ventana principal visualizaremos el historial de *commits*, similar al *log* de Git, pero de forma gráfica. Al hacer clic en un `commit`, podremos ver rápidamente los archivos modificados y los cambios realizados.

Para hacer cambios en un archivo, lo abrimos en nuestro editor de código, lo modificamos y lo guardamos. A continuación, *GitHub Desktop* mostrará los cambios realizados. En lugar de usar comandos desde la consola, simplemente debemos marcar el *check* para pasar dichos cambios al área de *Stage*.

Ya solo nos quedará añadir un comentario y subir los cambios. Si no tenemos permisos para hacerlo, *GitHub Desktop* nos sugerirá hacer un `Fork`. Además, podemos cambiar entre diferentes *ramas*, y consultar `Pull Request` asociadas desde la herramienta.

Las herramientas gráficas como *GitHub Desktop* pueden ser potentes y facilitar la visualización del estado de nuestro trabajo, proporcionándonos mucha información desde un solo lugar. Aunque no reemplazan por completo el conocimiento de Git y la consola, ofrecen otra forma de trabajar que podría adaptarse mejor a nuestras necesidades.

Es cierto que *GitHub Desktop* tiene ciertas limitaciones,

por eso, veremos a continuación algunas herramientas gráficas más potentes, que podrían ser de nuestro interés.

Personalmente, mi favorita es *GitKraken*, pero no es necesario que utilicemos esta herramienta en concreto.

GitKraken es una herramienta gráfica profesional con muchas funcionalidades. Al abrirla, se puede apreciar el árbol de navegación correspondiente a todos los *commits* realizados. Podemos pasar los cambios al área de *Stage* con solo presionar un botón, para luego realizar un `commit` y un `push`.

GitKraken también permite trabajar con diferentes *ramas*, y visualizar las `Pull Request` asociadas. Incluso podemos resolver *conflictos* en *PR* desde la propia herramienta. Además, es posible revisar las *Issues* abiertas, junto con otras características como *tags* y *submódulos*.

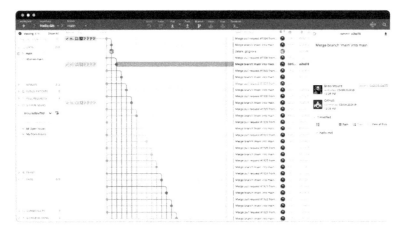

Esta herramienta facilita la visualización y el trabajo proporcionando mucha información sin necesidad de utilizar comandos. *GitKraken* puede ser útil cuando se necesita mantener el control y acceso rápido a la información del sistema de control de versiones.

El funcionamiento de *GitKraken* es fácil de entender, una vez que nos familiarizamos con la ubicación de las acciones y opciones. Por ejemplo, para agregar cambios al área de *Stage*, simplemente lo haremos presionando el botón *Stage*. El uso de herramientas gráficas como *GitKraken* puede ser una excelente alternativa para quienes buscan una experiencia más visual y fácil o rápida de manejar, en lugar de trabajar únicamente con comandos en la terminal.

Seguimos en *GitKraken* y queremos subir unos cambios, *¿cómo añadimos un título, similar al comando* `git commit -m`*?* Simplemente, agregamos un comentario en *Summary* y *Description* (si deseamos un comentario más extenso). Para hacer el `commit`, solo tenemos que presionar el botón correspondiente. A continuación, para el `push`, más de lo mismo.

Incluso podemos abrir la terminal desde la herramienta, si deseamos ejecutar comandos o revisar registros. También nos permite deshacer y rehacer cambios fácilmente. Si trabajamos en varios proyectos, la herramienta nos da la posibilidad de cambiar entre ellos, abriendo cada uno en pestañas diferentes.

GitKraken es de uso gratuito en *repositorios públicos*, contando con una versión de pago para interactuar con *repositorios privados*.

Dejando de lado *GitKraken*, debemos conocer otras opciones, como *SourceTree*, desarrollado por *Atlassian* (creadores de *Jira*), que permite trabajar con *repositorios públicos* y *privados* de forma gratuita. Otra herramienta popular es *Fork*, que en este caso de pago en todas sus versiones.

Estas herramientas gráficas nos permiten ejecutar las funciones más comunes de Git con tan solo presionar botones. Aunque puede haber casos en los que se prefiera utilizar la terminal para tareas específicas, en general, estas herramientas cubren todas las operaciones comunes de Git, y añaden la posibilidad de interactuar con GitHub sin acceder a la plataforma.

Antes de probar herramientas gráficas, es muy importante entender cómo funcionan los comandos de Git y su uso en la terminal. Hecho esto, podremos elegir la herramienta que mejor se adapte a nuestras necesidades, incluso utilizando ambas opciones a la vez.

Mi consejo, prueba y juzga.

Capítulo 42: Git y GitHub flow

Comandos

```
1  git flow init
2  git flow feature start <nombre_feature>
3  git flow feature finish <nombre_feature>
4  git flow release start <nombre_release>
5  git flow release finish <nombre_release>
6  git flow hotfix start <nombre_hotfix>
7  git flow hotfix finish <nombre_hotfix>
```

Conceptos

Introducción

En este capítulo ampliaremos los conceptos sobre Git y GitHub, y nos centraremos en la importancia de establecer un flujo de desarrollo profesional con ambas herramientas. Hablaremos específicamente del flujo de trabajo llamado **GitFlow**, el más utilizado y recomendado por su eficacia. Por supuesto, existen muchas más opciones, pero *GitFlow* es, sin duda, el más utilizado.

Como es habitual, la mejor opción siempre es profundizar más sobre el tema, para acabar encontrando así el tipo de flujo de desarrollo que mejor se adapta a nuestras necesidades.

GitFlow

GitFlow es un flujo de trabajo para Git, que se ha convertido en uno de los más populares y utilizados en desarrollo de software. Este flujo de trabajo fue creado por *Vincent Driessen* en 2010, y se basa en la creación de diferentes *ramas* para organizar y gestionar el trabajo del equipo de desarrollo.

GitFlow se basa en dos *ramas* principales: la *rama* `develop`, y la *rama* `main`. La *rama* `develop` se utiliza para integrar las características y correcciones de errores que están en desarrollo, mientras que la *rama* `main` es la *rama* que contiene el código que está en producción.

Además, *GitFlow* utiliza principalmente tres tipos de *ramas* para facilitar el flujo de trabajo:

- **Feature (ramas de características):** Se utilizan para desarrollar nuevas características o funcionalidades. Se crean a partir de la *rama* `develop`, y se *fusionan* de nuevo en ella una vez que la característica está terminada.
- **Release (ramas de lanzamiento):** Se utilizan para preparar una nueva versión de la aplicación para el despliegue. Se crean a partir de la *rama* `develop`, y se *fusionan* tanto en la *rama* `main` como en la *rama* `develop` una vez que la versión está desplegada.
- **Hotfix (ramas de corrección de errores):** Se utilizan para solucionar errores críticos en la versión

de producción. Se crean a partir de la *rama* `main`, y se *fusionan* tanto en la *rama* `main` como en la *rama* `develop` una vez que se ha solucionado el error.

GitFlow facilita la organización del trabajo en equipo y ayuda a mantener un historial limpio y ordenado de los cambios en el repositorio. Además, permite un control más granular sobre las diferentes fases del desarrollo de una aplicación, y facilita la integración de los cambios en el proyecto.

Conclusión

Es importante tener en cuenta que *GitFlow* es un flujo de trabajo ampliamente utilizado y respaldado por empresas como *GitKraken* y *Atlassian* (entre muchísimas otras), pero no es la única opción disponible. Es recomendable evaluar si *GitFlow* se adapta a las necesidades de nuestro proyecto, y si todos los miembros del equipo están dispuestos a seguir las convenciones y reglas establecidas por este flujo de trabajo.

También debemos conocer que *GitFlow* puede combinarse con el flujo de trabajo de GitHub, en especial con sus mecanismos de `Pull Request` o *Issues*, para que así el equipo pueda validar el código antes de reintegrar cambios *locales* en *ramas remotas*, o llevar un control de los errores detectados.

GitFlow es uno de los flujos de trabajo más utilizados y recomendados, y utiliza *ramas* específicas para cada tipo de trabajo, lo que facilita el seguimiento y la integración de los cambios en el proyecto.

Más importante que utilizar *GitFlow*, es conocer

la existencia de distintos flujos de colaboración basados en unas normas, y que pueden ayudarnos a gestionar nuestro proyecto.

Curso

Lección 42: mouredev.com/git-github-42[1]
Inicio: 04:18:36 | Duración: 0:16:39

Es momento de hablar de algún mecanismo para establecer **flujos de desarrollo** profesionales con Git y GitHub.

¿Qué hemos hecho hasta ahora en el curso? Fundamentalmente hemos trabajado con *rama* `main` y creado algunas adicionales. Pero este flujo de trabajo en la *rama* `main`, creando *ramas*, realizando cambios, y más adelante `merge`, puede parecer un poco aleatorio. Es decir, parece seguir una regla que solo se basa en crear *ramas* y reintegrar sus modificaciones. Pensemos en un equipo real, con necesidades propias de un producto de software.

¿Cuáles pueden ser las necesidades de un equipo? Básicamente, podemos partir de que lo que tengamos en la *rama* principal (`main`) es el código que se está desplegando en producción.

Imaginemos que nos encontramos en un equipo que trabaja en una característica de la app, y adicionalmente existe otro que está llevando a cabo una refactorización del proyecto, y otro equipo más que trabaja en una

---
[1] https://mouredev.com/git-github-42

evolución diferente. De repente, aparece un error en producción que tenemos que corregir con urgencia. Pero, *¿qué hacemos? ¿Corregimos ese error mientras se sigue evolucionando la app? ¿Tenemos que esperar a que estén listos los nuevos cambios?*

Para eso existen diferentes flujos de trabajo profesionales. Existen muchos estudios, artículos, y formas de trabajar con Git y GitHub. En este caso, vamos a hablar de la más común, y, seguramente, la más utilizada. Aunque, si somos capaces de establecer unas normas, incluso podemos inventar cuál es el flujo de trabajo que queremos utilizar en nuestro proyecto.

Personalmente, recomendaría que, aunque estemos trabajando en un proyecto propio, sigamos unas normas y establezcamos un orden a la hora de evolucionar nuestro software, evitando, ante todo, la aleatoriedad en nuestro sistema de control de versiones.

¿Cuál es el estándar del que hablaremos? No vamos a entrar en discusiones. Cada persona tiene que utilizar lo que mejor se adapte a sus necesidades. Dicho esto, el flujo de desarrollo más utilizado es el llamado **GitFlow**.

Básicamente, tenemos dos grandes formas de trabajar con Git y GitHub: el *GitFlow*, y el *GitHub Flow*. Estos flujos establecen reglas a la hora de trabajar para que, si todos las conocemos, el proyecto evolucione de manera estructurada y se eviten problemas.

El equipo de *GitKraken*, la herramienta visual de la que hemos hablado en la lección anterior, y una empresa dedicada a mejorar el flujo de trabajo con Git y con GitHub, apoya a *GitFlow*.

Hecha esta reflexión, vamos a comenzar a explorar cómo usar este flujo de trabajo en la práctica.

Primero, debemos asegurarnos de instalar el *plugin* de *GitFlow* en nuestro sistema. Podemos encontrar instrucciones de instalación en la documentación, o buscar tutoriales específicos para cada sistema operativo.

Básicamente:

- **macOS:** `brew install git-flow-avh`
- **Linux:** `apt-get install git-flow`
- **Windows:** contenido en instalación de Git git-scm.com/download/win[2]

  Para no redundar en explicaciones, revisa la sección de conceptos en este capítulo, ya que allí detallamos cuál es la filosofía detrás de *GitFlow*, sus *ramas* y su uso.

Una vez instalado *GitFlow*, podremos comenzar a utilizarlo en nuestro proyecto. A continuación, conozcamos algunos comandos básicos de *GitFlow* que nos ayudarán a empezar.

- Para inicializar *GitFlow* en nuestro repositorio: `git flow init`

Este comando configurará nuestro *repositorio* para usar *Gitflow*, estableciendo la *rama* principal, creando la *rama* `develop` si no existe, y fijando las convenciones de nombres para las *ramas Feature*, *Release* y *Hotfix*.

---

[2]https://git-scm.com/download/win

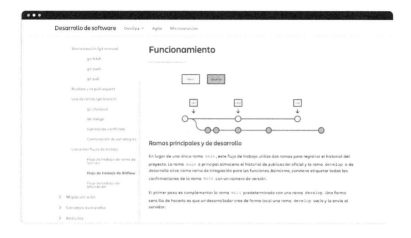

- Para comenzar a trabajar en una nueva característica: `git flow feature start <nombre_feature>`

Este comando creará una nueva *rama Feature* a partir de la *rama* `develop`, y nos situará en esa *rama* para que podamos comenzar a trabajar en la nueva característica.

- Para finalizar la nueva característica (*Feature*): `git flow feature finish <nombre_feature>`

Cuando hayamos completado la característica, y estemos preparados para integrarla en la *rama* `develop`, este comando se encargará de *fusionar* la *rama* de tipo *Feature* en `develop`, eliminar la *rama Feature* y cambiar nuestro entorno de trabajo de vuelta a la *rama* `develop`.

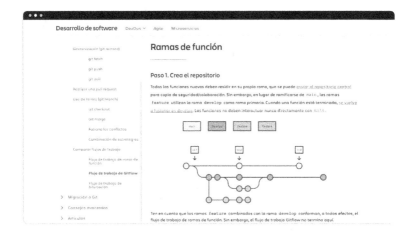

- Comenzar una *rama Release*: `git flow release start <nombre_release>`

Este comando crea una *rama* de tipo *Release* a partir de la *rama* `develop`, para que podamos preparar el despliegue a producción.

- Finalizar la *rama Release*: `git flow release finish <nombre_release>`

Cuando estemos preparados para desplegar, este comando *fusionará* la *rama* de tipo *Release* en la *rama* `main`, creará un nuevo `tag` en `main`, *fusionará* la *rama* *Release* en `develop` y eliminará la *rama Release* (de así desearlo).

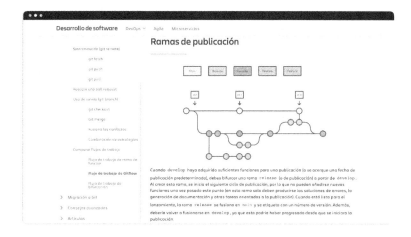

- Comenzar una *rama Hotfix*: `git flow hotfix start <nombre_hotfix>`

Este comando crea una *rama Hotfix* a partir de la *rama* `main`, para que podamos así solucionar errores críticos en la versión en producción, con independencia de las *ramas* de tipo *Feature*.

- Finalizar la *rama Hotfix*: `git flow hotfix finish <nombre_hotfix>`

Una vez que hayamos corregido el error, este comando *fusionará* la *rama* de tipo *Hotfix* en la *rama* `main`, creará un nuevo `tag` en `main`, *fusionará* la *rama Hotfix* en `develop` y eliminará la *rama Hotfix*.

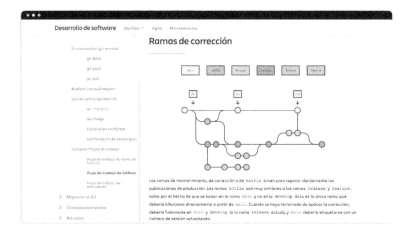

Estos comandos básicos de *GitFlow* nos permitirán comenzar a trabajar con este flujo de trabajo en nuestro proyecto. A medida que nos familiaricemos con *GitFlow*, podremos explorar comandos adicionales y ajustar el flujo de trabajo según nuestras necesidades.

Aunque puede parecer complejo, la mejor manera de entender *GitFlow* es practicándolo, revisando diagramas y documentación para familiarizarnos con el proceso.

Ahora bien, *¿cómo podemos asegurarnos de estar trabajando correctamente con GitFlow?* Podríamos hacerlo a nivel teórico, creando manualmente las *ramas* necesarias, pero esto requeriría recordar todos los pasos y *ramas* involucradas, con el riesgo que eso puede conllevar.

Para facilitar este proceso, existen herramientas en línea de comandos como la que hemos utilizado. Incluso algunas herramientas gráficas, vistas en la lección anterior, tienen soporte nativo para utilizar *GitFlow* desde ellas.

El *plugin* de *GitFlow* nos ayuda a gestionar

automáticamente el flujo de trabajo, abriendo y cerrando *ramas* según sea necesario, asegurándose de que los cambios se integren correctamente en las *ramas* relevantes. Al utilizar este *plugin*, podemos centrarnos en el desarrollo de nuestro proyecto sin preocuparnos por los detalles de la gestión de *ramas*, simplificando el proceso y permitiéndonos trabajar de manera más eficiente y coordinada.

> Me gustaría también reflejar que el flujo de trabajo de *GitFlow* puede combinarse con el de GitHub. En especial, con su mecanismo de `Pull Request`, para que así sea el propio equipo el que valide el código antes de reintegrar los cambios *locales* en *ramas remotas*.

Ante todo, queremos generar un flujo de trabajo ágil y de calidad.

Capítulo 43: Ejemplo GitFlow

Conceptos

Introducción

GitFlow es una metodología de desarrollo de software que se basa en el uso de Git para manejar diferentes tipos de *ramas* y flujos de trabajo durante el desarrollo de un proyecto. Es especialmente útil en proyectos complejos con múltiples colaboradores y diversas fases de desarrollo.

Una de las principales ventajas de *GitFlow* es que nos permite organizar el desarrollo de nuestro proyecto en diferentes tipos de ramas, cada una con su propio propósito y flujo de trabajo. Estos tipos de *ramas* son:

- **Rama principal (main):** es la *rama* donde se encuentra el código que se enviará a producción.
- **Rama de desarrollo (develop):** es la *rama* donde se realiza el desarrollo del proyecto.
- **Ramas de características (Feature):** son un tipo de *ramas* que se crean para desarrollar nuevas características en el proyecto.
- **Ramas de lanzamiento (Release):** son un tipo de *ramas* que se crean para preparar una nueva versión del proyecto que se enviará a producción.

- **Ramas de corrección de errores (Hotfix):** son un tipo *ramas* que se crean para solucionar errores críticos en la versión de producción del proyecto.

Cada uno de estos tipos de *ramas* tiene su propio flujo de trabajo, y *GitFlow* nos ayuda a manejar automáticamente la creación, *fusiones* y eliminación de estas *ramas* de manera ordenada y segura.

En este capítulo reflejamos un ejemplo práctico a través del curso.

Uso

Para implementar *GitFlow* en nuestro proyecto, lo primero que debemos hacer es instalar la herramienta *GitFlow* en nuestro sistema operativo, como hemos explorado en el capítulo anterior.

Una vez instalado, podemos iniciar el uso de *GitFlow* en nuestro proyecto con el comando `git flow init`. Este comando nos guiará para configurar las *ramas* principales y los prefijos que utilizaremos en los diferentes tipos *ramas* de nuestro proyecto.

Una vez que *GitFlow* está activado en nuestro proyecto, podremos crear *ramas* de características, lanzamiento o corrección de errores utilizando los comandos `git flow feature start`, `git flow release start` y `git flow hotfix start`, respectivamente. También podemos *fusionar* estas *ramas* con las *ramas* principales, utilizando los comandos `git flow feature finish`, `git flow release finish` y `git flow hotfix finish`.

Conclusión

Es importante recordar que *GitFlow* es solo una herramienta, y que cada equipo de desarrollo debe adaptar el flujo de trabajo a sus necesidades y objetivos. Además, todos los miembros del equipo deben estar familiarizados con *GitFlow* y utilizar las mismas convenciones y prácticas para evitar *conflictos* y errores durante el desarrollo del proyecto.

Curso

Lección 43: mouredev.com/git-github-43[1]
Inicio: 04:35:15 | Duración: 00:17:34

Llevemos a la práctica el uso de *GitFlow*.

Desde la terminal, y usando el proyecto con el que hemos trabajado durante el curso, vamos a implementar el uso de *GitFlow* en este.

Lo primero será instalar *GitFlow*. Dependiendo de nuestro sistema operativo, tendremos que hacerlo de una u otra forma. Ya hemos hablado de ello en el capítulo anterior, pero siempre podemos buscar más información sobre él. Esta utilidad nos permitirá utilizar *GitFlow* desde la terminal.

Ya instalado, y situados en el directorio de nuestro proyecto, recordemos que este aún no posee soporte para hacer uso de *GitFlow*, así que vamos a añadirlo.

Para lanzar comandos de *GitFlow* desde la terminal lo haremos utilizando el texto `git flow`, seguido

---

[1] https://mouredev.com/git-github-43

de diferentes rutinas. Las más habituales son: `init`, `feature`, `release`, `config`, `support` y `version`. No hablaremos `support` ya que se utiliza menos. Básicamente nos vamos a enfocar en los aspectos más habituales.

Si quisiéramos abrir una *rama* de tipo *Feature*, no podríamos, ya que nuestro *repositorio* aún no está trabajando con *GitFlow*. Para empezar a trabajar con él, escribiremos `git flow init`. Nos aparecerá un asistente, y nos preguntará por el nombre de la *rama* principal, obligándonos a seguir ciertas normas. La *rama* principal será la que posea el código a enviar a producción y crear versiones a partir de ella. En nuestro caso será la *rama* `main`.

A continuación, nos preguntará cómo se llamará la *rama* de desarrollo. Queremos que sea `develop`. Después, se detendrá en los prefijos asignados a las *ramas* de *Feature*, *Release*, *Hotfix* y *Support*. Dejamos los nombres por defecto. También nos pregunta si queremos que los `tag` tengan algún prefijo. Tampoco lo vamos a modificar.

```
                        ~/Desktop/Hello Git Example    main    git flow
usage: git flow <subcommand>

Available subcommands are:
   init      Initialize a new git repo with support for the branching model.
   feature   Manage your feature branches.
   release   Manage your release branches.
   hotfix    Manage your hotfix branches.
   support   Manage your support branches.
   version   Shows version information.

Try 'git flow <subcommand> help' for details.
                        ~/Desktop/Hello Git Example    main    git flow init
No branches exist yet. Base branches must be created now.
Branch name for production releases: [master] main
Branch name for "next release" development: [develop]

How to name your supporting branch prefixes?
Feature branches? [feature/]
Release branches? [release/]
Hotfix branches? [hotfix/]
Support branches? [support/]
Version tag prefix? []
                        ~/Desktop/Hello Git Example    develop
```

Con solo seguir estos pasos, nuestro proyecto ya está trabajando con *GitFlow*. *Gitflow* es muy inteligente, y ya nos ha situado en la *rama* develop. Recordemos que, nunca deberíamos estar situados sobre la *rama* main a la hora de desarrollar, ya que es donde se refleja el código de producción. Todo el desarrollo lo haremos sobre develop.

Supongamos que queremos evolucionar nuestro proyecto, es decir, añadirle una nueva característica. Para hacerlo, necesitamos crear un tipo de *rama* especial llamada *Feature*. Y así será cómo la iniciaremos: escribimos únicamente git flow feature start <nombre_feature>, donde *<nombre_feature>* es el nombre que queramos darle a la *rama*.

¿Y qué queremos hacer ahora con esta Feature? Vamos a repasar el orden de los pasos. Hemos indicado el tipo especial de *rama* que queremos crear, *Feature*, le hemos indicado que queremos iniciarla y le hemos dado un nombre, creándose una *rama* llamada *feature/<nombre_feature>*. Finalmente, nos ha situado en ella de forma automática. Démonos cuenta de que con

un solo comando hemos realizado muchas acciones en Git.

Ahora que estamos en esta nueva *rama* de tipo *Feature*, vamos a realizar modificaciones en el proyecto. No importa realmente lo que hagamos aquí, simplemente realizaremos algún cambio en la nueva *Feature*, para poner en práctica *GitFlow*. Una vez que hemos terminado con esta característica, revisamos el estado de nuestro *repositorio* y subimos el cambio con add, commit y push.

Hagamos un pequeño paréntesis para hablar de las herramientas gráficas, ya que en ellas (tomando como ejemplo *GitKraken*) también se reflejará que estamos trabajando con *GitFlow*. La herramienta gráfica nos mostrará que *Gitflow* está activo y nos señalará sus *ramas*: main, develop y *Feature*. Y dentro de la carpeta *Feature* se agruparán todas las nuevas *ramas* asociadas a características que se vayan desarrollando.

Sigamos. Cuando el desarrollo de la *Feature* esté terminado, validado y probado, *fusionaremos* ese desarrollo con la *rama* develop. En lugar de hacer un merge de forma manual y eliminar la *rama*, podemos utilizar *GitFlow* para agilizar este proceso. Para ello, usaremos el comando git flow feature finish <nombre_feature>. Este comando eliminará la *rama Feature* y la *fusionará* con la *rama* develop automáticamente. Todo con un único comando.

Nos encontramos de nuevo en la *rama* develop, la cuál, ya posee los cambios de la *rama* de tipo *Feature*.

Seguir estos pasos nos permite trabajar de manera más sencilla y ordenada con las *ramas* Feature, Release y Hotfix.

Cuando estemos listos para lanzar una nueva versión, podemos iniciar una *rama Release* con el comando `git flow release start <nombre_release>`, donde *<nombre_release>* es el número o nombre de versión que queremos asignar. En este ejemplo sería `git flow release start 1.0`.

Vamos a repasar de nuevo el proceso a la hora de lanzar una versión de *Release*, y cómo se maneja todo con *GitFlow*. Primero, iniciamos la *rama* de *Release*. Esto crea una nueva *rama release/1.0*, en la que podemos hacer cambios adicionales si es necesario, como ajustes finales antes de pasar a producción.

Cuando la *rama* de tipo *Release* esté validada y lista para pasar a producción, haremos lo mismo que con la *Feature* anterior: en lugar de hacer *start*, haremos *finish*. Ejecutamos `git flow release finish 1.0`, lo que nos permitirá agregar un comentario si lo deseamos.

Vamos a realizar ahora este proceso desde la herramienta gráfica (según la seleccionada tendremos ligeras diferencias). En nuestro caso, marcamos la opción de eliminar la *rama Release* después de *fusionarla*, y creamos un `tag` para esta versión, llamado *1.0*. Al finalizar, nos encontraremos el contenido de la *rama Release* en las *ramas* `main` y `develop`.

Hecho esto, la *rama* `main` contiene los cambios que se han desarrollado en la *rama Release*, que pasaron posteriormente a la *rama* `develop`, y finalmente se han desplegado a través de una *rama* de tipo *Release*. En caso de que durante la existencia de la *rama* de *Release* se hayan realizado modificaciones, estas también se actualizarán en la *rama* `develop`, para que ningún cambio se pierda durante el flujo.

Aquí no hablamos del proceso de despliegue en producción, ya que eso dependerá del tipo de software desarrollado, y el mecanismo que utilicemos para realizar dicho pase a un entorno real.

Más situaciones. Imaginemos que encontramos algún error en la versión de producción. En este caso, podríamos abrir una *rama* de tipo *Hotfix* y seguir el flujo de corrección de errores, añadiendo esas correcciones a las *ramas* main y develop, una vez resueltas. La *rama Hotfix* siempre parte de la *rama* main, ya que allí es donde se encuentra el código que hay que corregir sin afectar el flujo de *Feature*.

En este proceso, *GitFlow* nos ha facilitado el trabajo, al manejar automáticamente las operaciones de merge, switch y delete (entre otras), asegurándonos de que no cometamos errores. Además, ha creado automáticamente el tag *1.0* en la *rama* main, para marcar la versión que hemos desplegado. Recuerda que todo esto puede realizarse tanto desde las herramientas gráficas como desde la línea de comandos. Gracias a *GitFlow*, el proceso se vuelve más sencillo y ordenado, permitiéndonos centrarnos en el desarrollo de nuevas características y correcciones.

Aunque *GitFlow* es muy útil, puede considerarse un flujo de trabajo lento, debido a la cantidad de *ramas* que se crean y gestionan antes de llegar al despliegue. Existen otros flujos de trabajo más rápidos, que podrían adaptarse mejor a ciertos equipos o situaciones, por lo que es importante investigar y elegir el que mejor se adapte a nuestras necesidades.

En cuanto a la colaboración entre equipos utilizando *GitFlow*, es común combinarlo con un *repositorio remoto* como GitHub. En este caso, como ya hemos visto anteriormente, se utilizan características de trabajo de *GitFlow* y GitHub para mejorar la experiencia de desarrollo.

Imaginemos un último escenario en el que un equipo está trabajando en una *rama Feature*. Cada persona trabaja en una parte diferente de la funcionalidad, dentro de su *rama Feature local*, pero todos comparten una *rama* común *remota*. Para evitar problemas, y garantizar que los cambios se revisen antes de integrarse en la *rama Feature remota*, los miembros del equipo pueden utilizar `Pull Request` en GitHub.

En este enfoque, un miembro del equipo crea una `Pull Request`, para que sus cambios sean revisados por otros miembros antes de ser aceptados en la *rama Feature remota*. De manera similar, cuando la *rama Feature* esté lista para fusionarse con la *rama* `develop`, se puede crear otra `Pull Request`, para que otros equipos revisen y aprueben los cambios. En realidad, podemos extender el proceso todo lo que queramos, eso sí, intentando que el flujo no se haga tedioso y acabe bloqueando a los diferentes miembros del proyecto.

Capítulo 44: Otros comandos $git cherry-pick y $git rebase

Comandos

```
1  git cherry-pick <hash_commit>
2  git cherry-pick --abort
3  git cherry-pick -i <hash_commit>
4  git cherry-pick --continue
5  git rebase <nombre_rama>
6  git rebase --abort
7  git rebase -i <nombre_rama>
8  git rebase --continue
```

Conceptos

Introducción

En conjunto, Git y GitHub se han convertido en una parte integral de la gestión del desarrollo de software moderno. Aunque Git es fácil de usar para realizar

299

operaciones básicas como `commit`, `push` y `pull`, existen comandos más avanzados como `cherry-pick` y `rebase`, que pueden ser un poco intimidantes al principio. En este capítulo, hablaremos de estos dos comandos avanzados, y veremos cómo se pueden utilizar para gestionar el historial de *commits* en un proyecto.

Cherry-Pick

El comando `git cherry-pick` es un comando de Git que se utiliza para añadir el contenido de un `commit` específico de una *rama* a otra *rama*. A veces, nos encontramos en una situación donde tenemos cambios útiles en una *rama* que no estamos utilizando actualmente, pero necesitamos transferir esos cambios a nuestra *rama* actual.

En lugar de *fusionar* toda la *rama*, podemos usar `cherry-pick` para seleccionar un `commit` en particular, que contiene los cambios que necesitamos, y añadirlos a nuestra *rama* actual.

- La sintaxis básica del comando cherry-pick es la siguiente: `git cherry-pick <hash_commit>`

Donde *<hash_commit>* se refiere al identificador único del `commit` que deseamos añadir a nuestra *rama* actual. Una vez que ejecutamos este comando, Git añadirá el `commit` seleccionado y lo aplicará en nuestra *rama* actual.

Si existen *conflictos* al aplicar el `commit`, tendremos que resolverlos manualmente.

- Si durante el proceso de `cherry-pick`, nos damos cuenta de que hemos cometido un error, podemos cancelar el proceso con el siguiente comando: `git cherry-pick --abort`

Esto revertirá todos los cambios, y nos devolverá al estado anterior al proceso de `cherry-pick`.

También tenemos la posibilidad de usar `git cherry-pick -i`, una opción adicional del comando `cherry-pick`, que nos permite interactuar con los cambios que se están seleccionando y aplicando.

La opción `-i` (*interactive*), permite seleccionar los cambios que deseamos aplicar y editar el mensaje del `commit` antes de añadirlos en nuestra *rama* actual. Esto puede ser útil si deseamos aplicar solo parte de los cambios de un `commit`, o si deseamos modificar el mensaje del `commit` para que sea más descriptivo.

• La sintaxis del comando `cherry-pick -i` es la siguiente: `git cherry-pick -i <hash_commit>`

Una vez que ejecutamos este comando, Git nos mostrará un editor de texto con una lista de cambios que se están seleccionando. Aquí, podemos elegir los cambios que deseamos añadir a nuestra *rama* actual y editar el mensaje del `commit`, según sea necesario. Después de guardar los cambios, Git los aplicará en nuestra *rama* actual.

De nuevo, si existen *conflictos* al aplicar los cambios, tendremos que resolverlos manualmente. También podremos cancelar el proceso de `cherry-pick -i` utilizando `git cherry-pick --abort`.

Rebase

Git `rebase` es un comando avanzado de Git que se utiliza para modificar el historial de *commits* de una `rama`. En lugar de *fusionar* dos *ramas*, el comando `rebase` mueve todos los *commits* de una *rama* a otra, y modifica el historial de *commits* durante el proceso.

- La sintaxis básica del comando `rebase` es la siguiente: `git rebase <nombre_rama>`

Donde *<nombre_rama>* se refiere al nombre de la *rama* que deseamos *fusionar* con la *rama* actual. Una vez que ejecutamos este comando, Git añadirá todos los cambios de la *rama* seleccionada y los aplicará en la *rama* actual. Si hay *conflictos* al aplicar los cambios, tendremos que resolverlos manualmente.

La operación de `rebase` puede ser útil en situaciones en las que deseamos tener una *rama* actualizada con los cambios más recientes de otra. En lugar de *fusionar* las dos *ramas*, el comando `rebase` puede mover todos los *commits* de la otra *rama* a la *rama* actual y mantener un historial de *commits* lineal.

Es importante tener en cuenta que, el comando `rebase` es una operación delicada, ya que modifica el historial de *commits* de una *rama*. Por lo tanto, se recomienda utilizar este comando con precaución, y solo cuando sea necesario. Si se utiliza de manera incorrecta, puede causar problemas en el historial de *commits* del proyecto.

- Si durante el proceso de `rebase` nos damos cuenta de que cometimos un error, o aparecen *conflictos* que no podemos resolver en ese momento, podremos cancelar el proceso con el siguiente comando: `git rebase --abort`

Esto revertirá todos los cambios y nos devolverá al estado anterior al proceso de `rebase`.

De igual manera que en el `cherry-pick`, también podemos usar la opción `-i` (*interactive*) con el comando `rebase`.

Conclusión

El comando `cherry-pick` nos permite añadir un `commit` específico de una *rama* a otra, mientras que el comando `rebase` mueve toda una *rama* a otra, modificando el historial de *commits* durante el proceso. Ambos comandos son avanzados y se utilizan en casos específicos. Es importante entender cómo funcionan antes de utilizarlos, para evitar causar daños importantes en el historial de *commits* del proyecto.

En general, es mejor evitar la necesidad de usar `cherry-pick` y `rebase` como primera opción. Trabajando con *ramas* limpias y evitando cambios innecesarios en el historial de *commits* del proyecto. Sin embargo, cuando sea necesario utilizarlos, asegurémonos de entender completamente cómo funcionan y tomar precauciones para evitar problemas.

Curso

Lección 44: mouredev.com/git-github-44[1]

---

[1] https://mouredev.com/git-github-44

Inicio: 04:52:49 | Duración: 00:07:16

Nos acercamos al final del curso, no sin antes explorar estos últimos comandos de Git que a veces nos dan un poco de respeto: cherry-pick y rebase. No entraremos en muchos detalles, porque son comandos avanzados y no se usan tan a menudo, pero debemos conocer su existencia ya que pueden resultarnos muy útiles.

El primer comando, cherry-pick, nos deja escoger un commit específico y añadirlo a la *rama* actual. Imaginemos que trabajamos hace tiempo en una *rama* que ya no nos importa, pero recordamos que poseemos en ella un componente útil en un commit específico. Con git cherry-pick <hash_commit>, podemos recuperar ese cambio y añadirlo a nuestra *rama* actual. Si nos encontramos con *conflictos*, tendremos que resolverlos siguiendo el flujo habitual de Git.

También podemos cancelar el proceso con git cherry-pick --abort, y la rama regresará al estado previo.

El segundo comando, `rebase`, nos permite mover una *rama* a un punto específico y modificar el historial de *commits*. Este comando es delicado, porque modifica el historial. Con `git rebase <nombre_rama>`, podemos añadir los cambios de una *rama* al final de la *rama* actual.

Si usamos la opción `-i` (*interactive*), tanto en `cherry-pick` como en `rebase`, podemos aplicar cambios uno a uno utilizando el comando `git cherry-pick|rebase --continue`. Por el contrario, si nos equivocamos y queremos deshacer el proceso, podemos usar `git cherry-pick|rebase --abort`.

Capítulo 45: GitHub Pages y Actions

Conceptos

Introducción

Para finalizar, vamos a hablar de dos herramientas muy útiles de GitHub: **Pages** y **Actions**.

Pages

Esta herramienta nos permite usar nuestros *repositorio* de GitHub como un *hosting* para nuestra página web. Todo lo que tenemos que hacer es crear un *repositorio* con el nombre `<usuario_github>.github.io`, y colocar el contenido de nuestra página dentro de él. Hecho esto, podremos acceder a este a través de la *URL* usuario.github.io[1]. Además, *GitHub Pages* nos permite utilizar un dominio personalizado si así lo deseamos.

Básicamente, *GitHub Pages* es un servicio de alojamiento de sitios web estáticos proporcionado por GitHub. Es una forma fácil y gratuita de crear y publicar un sitio web utilizando archivos estáticos *HTML*, *CSS* y *JavaScript*.

Con *GitHub Pages*, podemos alojar sitios web para nuestros proyectos de GitHub, así como para nuestros

---

[1] https://usuario.github.io

proyectos personales. Podemos crear un sitio web desde cero, o utilizar una plantilla proporcionada por GitHub.

Para publicar nuestro sitio web, simplemente debemos crear un *repositorio* en GitHub y subir los archivos estáticos a él. A continuación, podremos habilitar la opción de *GitHub Pages* en la configuración de nuestro *repositorio*, y seleccionar la *rama* que deseamos utilizar para publicar el sitio web. Una vez que hayamos realizado estos pasos, nuestro sitio web estará disponible en línea y accesible desde la *URL* de *GitHub Pages* de nuestro *repositorio*.

GitHub Pages es una gran opción para alojar sitios web estáticos gratuitamente y sin la necesidad de configurar un servidor web o realizar la configuración del alojamiento. Además, también es compatible con *Jekyll*, un generador de sitios web estáticos, que permite crear sitios web más complejos con menos esfuerzo.

Accede a GitHub Pages desde pages.github.com[2]

Actions

Esta última herramienta nos permite automatizar diferentes acciones en nuestro *repositorio* de GitHub, como despliegues y ejecución de pruebas, entre otras. Con *GitHub Actions*, podemos crear distintos trabajos asociados al proyecto y ejecutarlos según nuestras necesidades.

GitHub Actions es un servicio de automatización de flujo de trabajo proporcionado por GitHub. Permite

---

[2]https://pages.github.com

automatizar tareas repetitivas y simplificar los procesos de *integración continua* (*CI*) y *despliegue continuo* (*CD*) para nuestros proyectos alojados en GitHub.

Con *GitHub Actions*, podemos crear un flujo de trabajo que se active automáticamente cuando se desencadene un evento específico dentro de nuestro *repositorio* de GitHub, como la creación de una `Pull Request`, la creación de un nuevo `commit` o un nuevo `tag`. Podemos personalizar el flujo de trabajo para que realice una serie de tareas, como la compilación de tu proyecto, la ejecución de pruebas automatizadas, el despliegue de nuestro proyecto en un servidor o el envío de notificaciones, entre otras muchas.

Además, *GitHub Actions* viene con una amplia biblioteca de acciones pre construidas para que las podamos utilizar directamente dentro de nuestros flujos de trabajo. Por supuesto, también podemos crear nuestras propias acciones personalizadas para satisfacer necesidades específicas.

Una de las ventajas de *GitHub Actions*, es su integración completa con el ecosistema de GitHub, lo que significa que podemos utilizarlo fácilmente con todos nuestros proyectos alojados en la plataforma.

> Accede a GitHub Actions desde github.com/features/actions[3]

Tutorial GitHub Actions

¿Quieres profundizar más en *GitHub Actions*?

---

[3] https://github.com/features/actions

Aquí tienes un tutorial en vídeo desde cero, de una hora de duración, donde aprenderás los conceptos principales de esta herramienta y crearás tu primera *Action*: mouredev.com/github-actions[4].

Conclusión

GitHub Pages y *GitHub Actions* son herramientas muy útiles que nos permitirán sacarle aún más provecho a nuestros proyectos dentro de GitHub.

Curso

Lección 45: mouredev.com/git-github-45[5]

Inicio: 05:00:05 | Duración: 00:04:19

---

[4]https://mouredev.com/github-actions
[5]https://mouredev.com/git-github-45

Hemos cubierto gran parte de las funcionalidades de Git y GitHub, pero esta última plataforma tiene un montón de características adicionales, y por eso vamos a finalizar el curso hablando sobre dos de las más útiles.

La primera herramienta clave de GitHub es **GitHub Pages**.

GitHub Pages nos permite usar nuestro *repositorio* de GitHub como un *hosting*. Si tenemos una página web que cumple con ciertos requisitos, nuestro *repositorio* de código se convertirá en el mecanismo para desplegar dicha web. Para lograrlo, debemos crear un *repositorio* con el nombre `<usuario_github>.github.io`. Lo que contenga ese *repositorio* se podrá desplegar automáticamente (siempre que el proyecto sea compatible con *GitHub Pages*).

La segunda herramienta clave de GitHub es **GitHub Actions**.

Con *GitHub Actions*, podemos crear automatizaciones para nuestro código en GitHub. Estas automatizaciones pueden servir para desplegar o probar nuestro proyecto, entre muchas otras acciones. *GitHub Actions* es una API que nos permite crear distintos trabajos asociados al proyecto y ejecutarlos según nuestras necesidades. Por ejemplo, podríamos configurar acciones para que cada vez que hagamos push a nuestro *repositorio*, GitHub ejecute automáticamente los *tests*. También existen muchas posibilidades e integraciones con diferentes plataformas como *AWS*, *Azure* o *Google Cloud*.

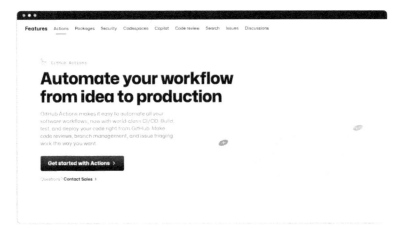

Estas herramientas nos permitirán sacarles aún más provecho a nuestros proyectos en GitHub y mejorar sus flujos de trabajo.

Otros comandos

Introducción

Estamos llegando al final de esta guía. Desconozco si los comandos que hemos aprendido te han parecido muchos o pocos, eso sí, te puedo decir un par de cosas sobre ellos:

- En la inmensa mayoría de los casos, serán más que suficientes para que puedas trabajar con Git y GitHub de manera profesional y eficaz.
- A pesar de todo eso, existen decenas de comandos más (Git posee más de 140 comandos), y cientos de combinaciones junto a sus modificadores. Con el paso del tiempo los irás conociendo, incluso precisarás de su uso para llevar a cabo tareas mucho menos habituales.

En este capítulo voy a introducirte *"otros comandos"* (o instrucciones) que puedes encontrar en Git, para que así los tengas presentes.

Listado

1. `git blame <archivo>`: Muestra quién ha modificado cada línea de un archivo y en qué commit. Esto es especialmente útil para entender el historial de cambios específicos en un archivo y quién los hizo.

2. `git revert <commit>`: Crea un nuevo commit que deshace los cambios introducidos por un commit anterior, sin borrar el historial. Esto es útil para deshacer cambios específicos manteniendo la integridad del historial de tu proyecto.

3. `git archive --format=zip --output=<archivo.zip> HEAD`: Crea un archivo zip de tu repositorio en el estado actual de *HEAD*, excluyendo lo que esté definido en .gitignore. Útil para compartir una versión del proyecto sin incluir el directorio *.git*.

4. `git clean -fd`: Elimina archivos no rastreados (no incluidos en el *.gitignore*) de tu directorio de trabajo. Esto es útil para limpiar tu área de trabajo de archivos generados por compilaciones o ediciones.

5. `git diff --staged` o `git diff --cached`: Muestra las diferencias entre los archivos en el área de *staging* (index) y el último *commit*. Es útil para revisar los cambios que están listos para ser commitados.

6. `git log --follow <archivo>`: Muestra el historial de cambios de un archivo específico, incluso a través de renombramientos. Útil para rastrear la evolución de un archivo a lo largo del tiempo.

7. `git show <commit>:<archivo>`: Muestra el contenido de un archivo específico en un commit específico. Es una buena manera de ver versiones anteriores de un archivo.

8. `git log --grep=<expresión>`: Busca en los mensajes de commit por una expresión regular dada. Es especialmente útil para encontrar *commits* específicos por palabras clave en su mensaje.

9. `git shortlog`: Resume los commits de Git agrupándolos por autor, lo que proporciona una visión rápida de la contribución de cada desarrollador al proyecto.

10. `git bisect start` seguido de `git bisect bad` y `git`

`bisect good <commit>`: Se utiliza para encontrar mediante búsqueda binaria el *commit* que introdujo un *bug* en el código. Inicias con `git bisect start`, marcas el estado actual o un *commit* conocido como malo con `git bisect bad`, y un *commit* antiguo donde el *bug* no estaba presente con `git bisect good`.

Como puedes imaginar, esos son sólo unos pocos ejemplos. Prueba a buscar información sobre `git restore` o `git submodule`, cómo renombrar un *commit* con `git commit --amend`, o qué comandos deberías ejecutar para *"borrar"* un *commit*.

Aún así, como has podido observar, todos ellos hacen referencia a tareas muy puntuales y alejadas del flujo principal de trabajo en Git. Con esto sólo quiero decirte que no te preocupes por aprender todo, simplemente ten en cuenta que existen muchas opciones (y que en algún momento pueden resultarte útiles).

Buenas prácticas

Introducción

Para finalizar, vamos a hacer un recorrido por un listado de **10 buenas prácticas** que puedes seguir a la hora de usar tanto Git como GitHub.

Git

1. **Organiza repositorios:** Crea *repositorios* independientes para diferentes proyectos. Esto nos facilita la colaboración y el mantenimiento del código.
2. **Utiliza ramas:** Trabaja en *ramas* separadas para desarrollar nuevas características, correcciones de errores o experimentar con tu proyecto. Las *ramas* nos permiten mantener el código estable y facilitan la integración de cambios sin afectar a la *rama* principal.
3. **Haz commits atómicos:** Cada `commit` debe representar una única unidad de cambio lógico, facilitando la revisión del historial y el seguimiento de los cambios. Además, es más fácil entender, revisar, revertir o ajustar *commits* individuales.
4. **Escribe mensajes de `commit` claros y significativos:** Describe el propósito y el contexto del cambio en el mensaje del `commit`. Esto ayuda

a otros colaboradores, y a nosotros mismos, a entender la razón del cambio y facilita la búsqueda de *commits* específicos en el historial. También podemos usar referencias que nos sirvan para identificar su contenido, como identificadores asociados a una tarea en un sistema de gestión de trabajo.

5. **Mantén un historial limpio:** Evita enviar cambios innecesarios o conflictivos, y usa la *fusión* de cambios (merge) adecuadamente. Esto hace que el historial de *commits* sea más fácil de entender y navegar.

6. **Usa etiquetas:** Utiliza *etiquetas* (*tags*) para marcar puntos importantes en el historial del proyecto, como versiones o lanzamientos a producción. Las *etiquetas* proporcionan una forma rápida de volver a un punto específico en el tiempo y facilitan la gestión de versiones.

7. **Haz revisiones de código:** Antes de integrar cambios en la *rama* principal, realiza revisiones de código para garantizar la calidad y la coherencia del proyecto. GitHub ofrece características de revisión de código a través de Pull Request que facilitan esta tarea.

8. **Resuelve conflictos:** Al *fusionar ramas*, pueden surgir *conflictos*. Es importante resolverlos de forma coherente y asegurarse de que los cambios no introduzcan errores ni afecten al rendimiento del proyecto.

9. **Mantén copias de seguridad y haz push con regularidad:** Debemos asegurarnos de poseer copias de seguridad de nuestros *repositorios locales*, y hacer push de los cambios al *repositorio remoto* regularmente. Esto protege nuestros datos y facilita la colaboración.

10. **Continúa aprendiendo:** Git es una herramienta poderosa y flexible, pero también puede ser compleja. Continúa aprendiendo sobre sus características y prácticas recomendadas para aprovechar al máximo su potencial y mejorar la eficiencia de nuestros proyectos.

GitHub

1. **Personaliza tu perfil:** Configura la página de inicio asociada a tu usuario de GitHub. GitHub es una gran carta de presentación para desarrolladores.
2. **Crea un README:** Incluye siempre un archivo *README.md* en tu repositorio. Este archivo debe proporcionar una descripción general del proyecto, instrucciones de instalación y configuración, información sobre cómo contribuir y cualquier otra información relevante. Su contenido puede variar dependiendo de si se trata de un proyecto *público* o *privado*.
3. **Licencia de software:** Añade una licencia a tu *repositorio* para informar a otros usuarios de cómo lo pueden utilizar y qué limitaciones posee. GitHub ofrece una variedad de licencias populares que podemos elegir fácilmente.
4. **Usa `Pull Request`:** Utiliza el mecanismo de `Pull Request` para proponer cambios a un *repositorio*, en lugar de modificar directamente la rama principal. Las `Pull Request` permiten la revisión del código y las discusiones antes de incorporar los cambios al proyecto.
5. **Revisión de código:** Realiza revisiones de código en las `Pull Request` antes de *fusionarlas*. Esto

asegura que el código cumple con los estándares de calidad y reduce la probabilidad de introducir errores. También puedes automatizar tareas con *GitHub Actions*.

6. **Utiliza Issues:** Emplea el sistema de *Issues* de GitHub para rastrear y gestionar errores, mejoras y otras tareas relacionadas con el proyecto. Esto ayuda a mantener el progreso del proyecto y fomenta la colaboración.

7. **Etiquetas y Milestones:** Usa *etiquetas* y *milestones* en *Issues* y `Pull Request` para categorizar y priorizar el trabajo. Las *etiquetas* pueden indicar el tipo de tarea (por ejemplo, *error* o *mejora*), mientras que los *milestones* nos ayudan a organizar las tareas en fases asociadas a la evolución del proyecto.

8. **Documentación:** Mantén la documentación actualizada, incluidos los archivos de ayuda, la *wiki* del repositorio y cualquier otro material relacionado. Una documentación adecuada facilita la comprensión y contribución al proyecto por parte de otros desarrolladores.

9. **Comparte y colabora:** Crea tus propios proyectos de código abierto y colabora en otros. Esta es la mejor manera para ayudar a que la comunidad de desarrollo de software siga avanzando.

10. **Continúa aprendiendo:** GitHub es una gran plataforma en constante evolución, y sus herramientas van mucho más allá de los mecanismos propios de Git. Sigue sus avances y explora sus distintas características

Conclusión

Al seguir estas prácticas, nos aseguraremos de utilizar **Git** y **GitHub** de manera efectiva, organizada y colaborativa, manteniendo la calidad y la estabilidad de nuestros proyectos.

Próximos pasos

¡Enhorabuena!

El haber llegado hasta aquí significa que ya estás preparado para trabajar con **Git** y **GitHub**.

¿Qué te ha parecido el libro y el curso en vídeo?

La mejor manera de seguir aprendiendo Git y GitHub es practicando y visitando sus recursos oficiales.

- Documentación oficial Git: git-scm.com/doc[1]
- Libro oficial Git: git-scm.com/book/es/v2[2]
- Documentación oficial GitHub: docs.github.com/es[3]

También puedes unirte a mi plataforma de *retos de programación* en comunidad, donde cada semana mejoramos nuestra lógica y utilizamos Git y GitHub para compartir nuestros ejercicios, empleando cualquier lenguaje de programación.

- Retos de programación: retosdeprogramacion.com[4]

---

[1] https://git-scm.com/doc
[2] https://git-scm.com/book/es/v2
[3] https://docs.github.com/es
[4] https://retosdeprogramacion.com

¡Muchas gracias!

¿Seguimos en contacto?

Te espero es mis redes sociales para continuar aprendiendo programación y desarrollo de software en comunidad.

Tienes todos los enlaces en moure.dev[1]